Liane Wagner

# Bei Omika

*- Ein Kokon aus hellen Tagen -*

Roman

Shaker Media

Bibliographische Informationen der Deutschen Nationalbibliothek:

Die Deutsche Nationalbibliothek verzeichnet diese Publikation in der Deutschen Nationalbibliographie; detaillierte bibliographische Daten sind im Internet über http://dnb.d-nd.de abrufbar.

## Impressum



Buchsatz und Layout: Heidemarie Franz
Covergestaltung und Buchillustrationen: Heidemarie Franz



Printed in Germany

ISBN-Nr.: 978-3-98903-025-1

Shaker Media GmbH - Am Langen Graben 15a - 52353 Düren
Telefon: 02421 / 99 0 11- 40 - Telefax: 02421 / 99 0 11 - 49
Internet: www.shaker-media.de - Mail: info@shaker-media.de

*Für meine Eltern*
*und Großeltern*

## Einleitende Gedanken...

An einem dieser Übergangstage, mit denen der Sommer von uns Abschied nimmt und an denen wir die ersten Zeichen des Herbstes erkennen, führen Emilies Schritte sie zum alten Haus ihrer Großmutter Tina. Hier begegnen wir Emilies Großmutter, einer geistreichen Frau mit viel Herz und sehr erfahren in erlesenen Koch- und Backkünsten. Auch weitere Verwandte oder Freunde kommen hier zu Wort. Wir betreten gemeinsam den unbeschwerten Raum einer glücklichen Kindheit mit heiteren Geschichten in Suczawa, Bukarest und in Kronstadt. Einige dieser Erzählungen wurden bereits in 2021 als Teil des Romans „Träume entspringen dem Fluss" veröffentlicht. Da sie mir besonders am Herzen liegen, habe ich einige davon erneut ausgewählt, ihnen einen weiteren Schliff gegeben und sie diesmal aus einer anderen Perspektive erzählt, mit der Intention, mehr Freude, Trost und Zuversicht beim Lesen dieser hervorzurufen. Gleichzeitig möchte ich mit dem Buch Ihr Interesse für eine Kindheit und Jugend in einem osteuropäischen Land, der früheren sozialistischen Republik Rumänien erwecken. Lassen Sie sich überraschen und teilen Sie gemeinsam mit Emilie für eine kurze Weile ihre wunderbaren Erinnerungen, die unter einem fast wolkenlosen Himmel ihre Wärme ausstrahlen.

Die Entscheidung, Emilies Kindheit und einen Teil ihrer Jugend in diesem Buch aufzugreifen, ergab sich auch aus einem tiefen inneren Bedürfnis, der häufig belastenden Gegenwart mit eigenem Mittel, dem literarischen Schreiben, etwas entgegen zu setzen. Die Zeiten, die wir in den letzten Jahren erleben mussten, bedingt durch die Covid-Pandemie, die Kriege hier in unserer Nähe, aber auch im Nahen Osten, sowie in weiteren Orten dieser Welt, die großen Sorgen durch die spürbaren Klimaveränderungen, das alles wirkt auf unser Leben sehr belastend und hinterlässt unerwünschte Spuren. Die Lebensbedingungen der Menschen haben sich verschärft, die Armut ist noch größer geworden, die Diskrepanz zwischen Reich und Arm noch tiefer, und das Gefühl von Geborgenheit des Einzelnen, auch hier bei uns, ist stark geschrumpft. Das Wahrnehmen von Sicherheit, von Lebensfreude und Hoffnung auf eine bessere Zukunft scheint mir stark zurückgegangen zu sein.

Mit den hier erzählten Situationen und heiteren Geschichten aus dem Rumänien der 60er und 70er Jahre, die sorgenlosen Zeiten voller Liebe und Zuversicht in sich tragen, und die Emilie wie ein Kokon vor der Kälte da draußen schützen, möchte ich versuchen, den Leserinnen und Lesern dieser Erzählungen ein Lächeln ins Gesicht zu zaubern und helle Tage mit ihnen teilen.

Darüber hinaus wünsche ich mir für uns alle, dass auch in der Zukunft die Vernunft und die guten Eigenschaften, die den Menschen ausmachen sollen, erneut einen bevorzugten Platz in der realen Welt unserer Kinder und Enkelkinder einnehmen und ihnen eine lebenswerte Zukunft gefüllt mit hellen Tagen bringen werden.

Dieses Buch widme ich meinen Eltern und Großeltern, die mich mit ihrer Liebe auf meinem Lebensweg mit Werten wie Altruismus, Empathie und Wertschätzung für die Mitmenschen begleitet haben.

Liane Wagner 29.06.2024

# Prolog

## - Die Reise -

Viele Jahre sind vergangen, seitdem Emilie das letzte Mal in Suczawa war. Die Stadt, die heute im Norden Rumäniens liegt, etwa sechshundert Kilometer von Bukarest entfernt, war früher ein bekannter Ort in der Bukowina, einem Teil des Habsburgerreiches. Dort liegen die Wurzeln von Emilies Eltern, und mit ihm verbindet Emilie viele wunderbare Erinnerungen.

An einem dieser Übergangstage, mit denen der Sommer von uns Abschied nimmt und an denen wir die ersten Zeichen des Herbstes erkennen, führen Emilies Schritte sie zum alten Haus ihrer Großmutter Tina. Die Blätter der Bäume wechseln ihre Farbe von Grün zu Rostbraun, der Feuerdorn leuchtet mit seinen winzigen roten Perlen. Die Geranienblüten strahlen in Hellrot, etwas müde vom heißen Sommer, der sich in diesem Jahr noch nicht ganz von uns verabschieden will. Emilie freut sich über jeden weiteren sonnigen Tag, da sie schon immer die Wärme suchte. „Sie schützt unsere Seele vor der kommenden kalten Jahreszeit", denkt Emilie. „In den heißen Sommertagen war die Trockenheit der Natur sehr lästig, die Gräser hatten viel Durst und wir mussten die Gärten häufiger wässern."

Am Bahnhof Iţkani angekommen, hört Emilie die laute Durchsage des Schaffners: „Iţkani, der Zug endet hier, alle Fahrgäste bitte aussteigen!"; die Stimme vermischt sich mit den lebhaften Stimmen der Fahrgäste zu einem Schmelztiegel der Geräusche. Emilie richtet noch einen allerletzten neugierigen

Blick durch das Abteilfenster nach draußen auf den Bahnsteig, bevor ihre Schritte sie durch die Wagentür nach außen führen. Es ist Sonntagmittag. Mehr als ein Dutzend Menschen, Jung und Alt, Klein und Groß, mit Koffern, Taschen oder Rucksäcken bewegen sich mit mäßigem Tempo, dicht beieinander gedrängt wie in einer Prozession, in Richtung Ausgang. „Man könnte ihre Schritte zählen und auch im Voraus erkennen, wann sie allesamt stehen bleiben, um Luft zu holen und danach weiterzulaufen“, überlegt Emilie und schaut sich immer wieder um, ob auch auf sie jemand wartet. Der Bahnsteig wird innerhalb kurzer Zeit fast leer. Sie muss erkennen, dass niemand da ist, den sie kennt, keiner, der auf sie wartet. Eine Träne rollt über ihr kakaofarben gebräuntes Gesicht, das von der Sommerhitze und Aufregung rötliche Töne bekommen hat. Der Bahnsteig ist noch immer derselbe wie früher, als sie nach ihrem Studium nochmals nach Suczawa gekommen war, um die Familie ihrer Mutter, Tante und Onkel zu besuchen. Omika war damals schon längst von ihnen gegangen, da war Emilie noch ein elfjähriges Kind.

Draußen, vor dem Bahnhof warten jetzt keine Kutschen mit Pferden mehr, wie damals als Onkel Noldi die kleine Liuza vom Zug abgeholt hatte. Vor dem Bahnhofsgebäude stehen jetzt Taxis und Busse, der Straße entlang geradlinig eingeordnet und warten, dass Fahrgäste einsteigen würden. Viele der Reisenden kehren nachhause zurück, einige davon sind Feriengäste, die von der Schönheit dieser Gegend gehört hatten und sich selbst darüber ein eigenes Bild machen wollen. Das erste Taxi besteigt eine Großfamilie mit drei Kindern, Eltern und Oma. Emilie staunt: „Ich weiß nicht wie sie alle samt Koffer in dem Skoda Platz finden? Wie Sardellen in der Dose müssen sie drinnen sitzen“, und ein Lächeln huscht ihr übers Gesicht. Im zweiten Taxi nimmt ein vornehmer Herr mittleren Alters Platz. „Er ist bestimmt ein Richter oder ein anderer hoher Angestellter auf Dienstreise. Er wirkt in seine Gedanken vertieft, vermutlich beschäftigen ihn die vielen bevorstehenden Aufgaben.“ Als das dritte Taxi vorfährt, steigt Emilie ein und bittet den Fahrer, sie zum Stadtzentrum zu bringen. Den Weg erkennt sie teilweise nicht mehr. Ab und zu glaubt sie, etwas Vertrautes zu sehen oder im Vorbeifahren eine flüchtige Begrüßung zu erkennen. Vieles wirkt auf die blondgefärbte Mittvierzigerin neu und unbekannt und versetzt sie in eine spürbare oberflächliche Angst.

„Ich träumte jahrelang von dem Bekannten, Erlebten, Vermissten, Vertrauten, von den alten Häusern in Suczawa, alte Herrenhäuser oder kleine unscheinbare... heute entdecken meine Augen neue große Gebäude, viele neue Mehrfamilienhäuser, Wohnblocks, der Geruch des neuen Alltags macht sich in der Luft vor meiner Nase breit.“ Sie hält die Nase durch das halb offene Autofenster hinaus, um den Geruch der vergangenen Zeiten zu suchen und zu finden. Das Taxi fährt am Kulturzentrum vorbei. Ein mittelgroßes weißes Gebäude, früher ein altes Kino, springt vor ihren Augen aus der Leinwand heraus und schenkt Emilie die Freude, es wiedererkannt zu haben. Nach ein paar Kilometern, auf der linken Seite der Straße, sieht Emilie zwischen den mehrstöckigen Wohnblocks verloren, die kleine Bäckerei, von der ihre

Tante sonntagmorgens frische Brezeln mitbrachte. Und da vorne, direkt an der Ecke, steht das alte, vertraute und geliebte Haus ihrer Großmutter Tina.

Der Taxifahrer hält an, holt Emilies Koffer aus dem Kofferraum heraus und überreicht ihn ihr. Sie bezahlt den Fahrer und samt Koffer verlässt sie das Taxi und nähert sich mit kleinen, zögernden Schritten dem schrägen, niedrigen Gartentor. Emilies Herz pocht so stark, als wolle es aus ihrer Brust herausspringen. Das Tor quietscht beim Öffnen schrill und laut, wie ein Jammern, das aus der Sehnsucht nach vergangenen Zeiten entspringt. Man erkennt schnell, dass niemand die Beschläge seit langer Zeit eingefettet hat. „Onkel Noldi war für diese Behandlung zuständig", erinnert sich Emilie. „Er kümmerte sich auch um den Zustand des Holzes im gesamten Garten."

Sie schaut sich im Garten um, und sieht links am Zaun den alten Birnbaum immer noch majestätisch auf seinem Platz stehen, und mit seiner Krone den an heißen Sommertagen begehrten Schatten spendet. Unter dem Baum, auf der dunklen vermoosten und spröden Bank, sitzt ein kleines Mädchen mit kastanienbraunen Zöpfchen, die mit durchsichtigen weißen Schleifen gebunden sind. Das Mädchen blättert vertieft in einem Heft und scheint nichts von seiner Umgebung zu merken. Emilies Schritte wecken ihre Neugier auf. Die dunklen Augen des Kindes treffen auf die von Emilie, die überrascht spontan lächelt. Das Mädchen verlässt die Bank, dreht sich um und nimmt Emilie an die Hand. Sie zieht sie in die Richtung der Stufen, die zur Veranda hinaufführen. Beide laufen gemeinsam die Treppen hoch und setzen sich anschließend kurz auf die Veranda. Der Schlüssel zum Haus liegt immer noch wie früher unter einem Geranientopf. Emilie öffnet die Tür...

Vieles scheint beim ersten Blick unverändert zu sein: Die Räume, die Stille, nur das Mobiliar ist etwas spärlicher geworden. Auf dem Dachboden warten in einer Ecke ein alter Schrank und eine alte Truhe. Darin suchten sie als Kinder nach alten und neuen Schätzen. In ihnen sind viele Erinnerungen gesammelt und verborgen: Ein Tagebuch, viele Fotos und Briefe, einige Handarbeiten ihrer Tante Elisabeth, Macramés der Omi Tina, ihre geliebte Omika, ein alter Aschenbecher von Großvater Wolf und ein handgearbeiteter Teppich, der - soweit Emilie sich erinnern kann – noch von ihrer Urgroßmutter Bertha stammt. Sonst ist das Haus fast leer. Ihr Cousin Valli hat sich entschieden, es zu verkaufen. Aber jetzt ist sie zunächst einmal hier. Sie setzt sich hier auf der Veranda des alten Hauses, in den Schaukelstuhl der Urgroßmutter Bertha und erinnert sich:

„Hier in diesem alten Haus, in einem dieser Räume ist mein Herz versteckt. Ich kehre zurück, um nach meiner Kindheit zu suchen. Vor allem aber, um alles auszugraben; all das, was ich damals bei meinem letzten Besuch vergraben habe."

Sie findet ein Heft, in dem sie ihre Gedanken von früher festgehalten hatte und liest jetzt diese Sätze:

*„Im Schrank meiner Großmutter habe ich nach den Träumen meiner Kindheit gesucht. Die Märchen mit Königskindern und Drachen sind mir noch frisch in Erinnerung. Voller Angst habe ich die alte Truhe geöffnet, die mit vielen Schlössern verschlossen war, so zahlreich wie die Frühlingstage in ihr, und ich habe wie damals die liebste Puppe ausgewählt. Sie hatte schwarze Augen. Sie schauten mich so überrascht an, dass ich errötete; aber ich wandte meinen Blick nicht von ihnen ab. Diese schwarzen Augen und das Lächeln an einem Wintertag entfesselten die Klaviertasten und befreiten die Musik von ihrer schwersten Strafe - dem Vergessen.*

*Zu deiner Ehre, Kindheit, mit schwarzen Augen und verrückten Träumen, habe ich wieder gespielt, aber die Tasten hatten nicht mehr den Klang von früher. Der bittere Schmerz vergangener Tage, erlitten im Frühling und Sommer der folgenden Jahre, hat sie verändert; sie erhielten die Farbe und die Intensität der Zeit. Und doch war da noch etwas, blieb etwas zurück, etwas ganz Teures.*
*Die Noten klangen, als bewegten sie sich in einem verrückten Tanz. Zitternd versuchten sie sich zu erzählen, was sie in all den Jahren versäumt hatten. Zwischen der fröhlichen Stille der Kindheit und der friedlichen Nostalgie der Gegenwart erklang eine neue Melodie. Es war das geliebte Lied der schwarzen Augen.*

*Die Großmutter, der Schrank mit dem Spielzeug, die Puppen, alle haben es vergessen. Sie dachten, sie hören eine neue Musik. Doch nur die schwarzen Augen erkannten in jeder Geste die gleiche Melodie.*
*Und für diesen Blick in die Nacht mit Millionen Sternen habe ich die Mondscheinsonate gespielt, deine Sonate, die Sonate unseres Lebens.“*

***

Emilies Herz fängt an stark zu pochen. Die Erinnerungen an diese vergangenen Tage wühlen sie auf, sie berühren ihr Herz. Viele der in ihrer Kindheit und Jugend erlebten Situationen und Emotionen sind jetzt wieder präsent und drängen sich in den Vordergrund.

# Teil 1

## Krokusse und Hyazinthen

Manchmal reicht ein Duft,
ein Klang oder eine Farbe aus,
um die Erinnerung einer vergangenen Zeit
ins Heute zurück zu bringen.

Der zarte Duft der aufgeblühten Köpfchen,
Bergmargeriten, breite Romanițǎ-Felder,
auf Suczawas Hügel, verstaubten Wegen,
hinauf zur Fürstenburg. (1)

## Bei Omika

Die Erwachsenen behaupteten, dass ich als Sechsjährige ein kleines und kräftiges Mädchen wäre. Ich sah mich aber anders! Meine braunen Haare waren zu zwei Zöpfchen mit weißen Schleifen gebunden. Ich lachte häufig und laut. Omika meinte, dass meine dunklen Augen leuchteten während sie mit mir sprach. Das liebte meine Großmutter sehr an mir und auch mein Grübchen auf der rechten Wange und am Kinn, die Omika an meinen Großvater, ihren verstorbenen Mann Wolf, erinnerten. An dem Tag trug ich ein weiß-blaues Trägerkleidchen mit winzigen roten Blumen, weiße gehäkelte Kniestrümpfe und rote Sandalen. Das alles hatte Tante Lala für mich ausgewählt. Ich saß bei Omika in der Küche. Da klopfte jemand an die Tür, es war kurz vor elf. Mit schnellen Schritten näherte sich Omika der Tür und öffnete sie. Vor der Tür stand Mina, eine alte Bekannte.

„Küss die Hand gnädige Frau", sagte Mina undeutlich. Mina war etwa sechzig Jahre alt und von ziemlich ungepflegtem Äußeren. Ein etwas seltsamer Duft umgab sie. Der breite Rock hing rechts kurz, links lang herunter, die weiße Bluse war nicht gebügelt und die Knöpfe waren schief geknöpft. Die Haare waren ungekämmt und hatten ihren ursprünglichen Glanz verloren. Eine Alkoholfahne wehte durch den Eingangsbereich. Mina war eine entfernte Verwandte von Omika. Sie hatte viele Probleme, insbesondere mit dem Alkohol. Dann redete sie sehr komisch, als seien wir Fremde, und vergaß, dass sie eine entfernte Cousine war.

„Mina, hast Du etwa so früh schon getrunken?“ fragte Omika und schaute sie streng an.

„Nein, gnädige Frau, nur ein paar kleine, winzige Gläschen, wissen Sie, so auf Ihr Wohl“ murmelte Mina und fuhr dann laut fort: „Glück über Sie, von oben bis unten und ringsherum! Haben Sie etwas für mich? Es riecht so schön aus der Küche.“ Omika holte Mina vorsichtig herein und brachte sie in die Küche.

„Setzt dich Mina, ich koche gerade eine Hühnersuppe. Ein Teller davon würde dir auch guttun, besser als Schnaps.“

„Aber Schnaps wäre auch gut dazu, ein klitzekleines Gläschen auf Ihr Wohl“, sagte Mina und ihre Augen leuchteten bei dieser Vorstellung. Omika reichte ihr den Suppenteller, einige Scheiben Weißbrot und mit Widerwillen auch ein kleines Gläschen mit Schnaps. Mina verschlang alles, sprang auf, bedankte sich mit einer Verbeugung und fragte anschließend leise:

„Gibt es auch etwas Bares, ein paar Groschen für mich, für später?“ Omika nickte und brachte ihr etwas Geld.

„Bitte aber nur für Essen, Mina, nicht für einen Schnaps.“ Mina versprach es und verschwand schnell. Vielleicht befürchtete sie, Omika würde ihr nicht vertrauen und es sich anders überlegen könnte. Omika kehrte in die Küche zurück, seufzte und sprach mit sich selbst, ohne zu merken, dass ich dabeisaß:

„Die Arme, die Arme, was wird noch aus ihr werden ...“

Meine Großmutter war eine kleine, zierliche Frau. Sie war immer fein gekleidet. An diesen Morgen trug sie ein nachtblaues Kleid mit weißen Tupfen; es war gerade geschnitten und hatte einen kleinen runden Kragen mit weißem Passepoil. Eine kleine Brosche schloss den Kragen vorne und verlieh ihrer Erscheinung Eleganz. Der schmale Gürtel unterstrich ihre Figur, die trotz ihres Alters - sie wurde zweiundsiebzig - sehr gut erhalten war. Sie hatte weißgraue Haare, die kurz geschnitten und immer gut frisiert waren. Ihre klaren, braunen Augen blickten warmherzig, konnten ihr Gegenüber aber auch mustern, wenn etwas nicht stimmte. Über dem Kleid trug sie in der Küche immer eine weiße Piqué-Schürze, die tadellos gebügelt und gestärkt war. Das war ihre „Arbeitskleidung". Heute wollte sie Buchteln backen. Dann vermischte sich der Duft der Blumen, der aus dem Garten durch das offene Fenster hereinströmte, mit dem Teiggeruch und dem süßen Duft der Käsefüllung mit Rosinen. Ich liebte es, wenn sich dieser Duft im Haus ausbreitete und freute mich schon darauf. Doch erst einmal bat Omika mich, ihr beim Schneiden und Füllen des Teigs zu helfen. Ich machte es gerne und dachte daran, wie wunderbar alles bei Omika schmeckt.

Omika teilte sich die Küche mit zwei Schwestern meines Onkels Noldi, ihres Schwiegersohns. Valerie und Gisella waren beide älter als Omika. Valerie mit den strahlenden hellblauen Augen war vermutlich einmal sehr schön. Heute war sie etwas ergraut und versteckte ihre ehemals blonden Haare in einem

Knoten. Sie verlor ihren Verlobten im Krieg und wollte später nicht mehr heiraten. Also blieb sie zuhause und kümmerte sich um ihre zweite Schwester, die studiert hatte und als Biologielehrerin tätig war, und, bis er meine Tante heiratete, auch um ihren Bruder. Tante Gisella war bei Weitem nicht so schön wie Tante Valerie. Sie hatte dunkelblaue Augen und graue Haare, die einmal dunkelbraun oder schwarz waren. Tante Gisella war sehr klug. Kindern konnte sie auf alle Fragen eine Antwort geben. Von ihr erfuhr ich vieles aus dem Leben der Pflanzen und Tiere. Mein Onkel Noldi, den ich sehr gutaussehend fand, war von großer Statur und hatte grünblaue Augen und dunkle Haare. Und er konnte so zauberhaft lachen! Aus Krieg und russischer Gefangenschaft kehrte er glücklicherweise ohne Verletzungen zurück. Um sich vor den Russen zu retten, überquerte er das Meer. Zum Glück war er ein guter Schwimmer! Onkel Noldi hatte noch eine Schwester, Elsa. Sie wohnte aber nicht in Suczawa, sondern zweihundert Kilometer von uns entfernt.

Das Haus, in dem Omika mit der Familie wohnte, war ziemlich groß. Alle Zimmer lagen im Hochparterre. Ein großer Korridor führte zu den verschiedenen Räumen. Das Haus hatte drei Schlafzimmer; ein Zimmer war gleichzeitig das Wohnzimmer und Speisezimmer. Dann gab es noch die Küche und den Waschraum. In zwei gusseisernen Öfen aus dem vergangenen Jahrhundert wurde gekocht und gebacken. Die Lebensmittel und das Geschirr für den täglichen Gebrauch wurden in zwei weißen Schränken und Kredenzen aufbewahrt. Das Sonntagsgeschirr fand seinen Platz im Wohnzimmer, in einem eleganten Schrank aus Nussbaumholz. Eine alte Holztreppe auf dem Korridor führte nach oben zum Dachboden, wo ich mich beim Spielen alleine oder mit meinen Cousins versteckte. Im geräumigen Keller lagerten saure Gurken und Tomaten in großen Tiegeln; daneben standen in einem Fass mit Kraut gefüllte Paprika. Sie für den Winter einzulegen war eine Spezialität meines Onkels. In den Keller konnte man vom Korridor aus durch eine in den Boden eingelassene Tür gelangen. Mithilfe einer Kette zog man diese Tür nach oben, und so gab sie die Treppe nach unten frei. Ich verschwand manchmal unbemerkt, um aus den Tiegeln oder aus dem Fass zu naschen.

Auf der rechten Seite des Hauses, im Untergeschoss, gab es noch eine kleine Wohnung, die vermietet war. Zur Haustür kam man über die fünf Stufen einer Holztreppe, die zur Veranda führte. Häufig saßen alle auf der Veranda, tranken Tee oder aßen eine Kleinigkeit und genossen den Blick auf den großen Garten. Der alte Birnbaum schenkte uns Schatten und wohlschmeckende Birnen. Immer wieder ignorierten wir Kinder das Verbot der Erwachsenen und kletterten in seine Krone hinauf. Tante Gisella liebte es, nach der Gartenarbeit im Schatten des Baumes auf der Bank zu sitzen und zu lesen. Für die Hühner sorgte Tante Valerie, indem sie dreimal am Tag Maiskörner verteilte. Manchmal übernahm ich diese Aufgabe. Es machte mir Spaß „pui, pui, pui“ zu rufen und im Hof hinter den Hühnern herzulaufen.

An einem Sommertag, stürzte ich ganz schrecklich. Das war vielleicht eine Aufregung! Aber ich hatte Glück. Als ich mit dem Kopf voran in die Tiefe flog, hielt mich Tante Valerie im letzten Moment an der Pyjamahose fest. Ich hatte wirklich einen Schutzengel und kam mit einigen Prellungen am Kinn und mit kleinen Hand- und Fußverletzungen davon. Als mich der Notarzt untersuchte und nach meinem Befinden fragte, sagte ich: „Mir geht es gut, ich bin wie ein Flugzeug von einer Klippe gestürzt." Der Arzt war erleichtert, dass mein Gehirn noch in Ordnung war. Später stellte sich heraus, dass ich noch geschlafen hatte, als Tante Valerie wie immer frühmorgens kurz vor sechs die Warnung rief: „Der Keller ist offen!". Alle hatten es gehört, nur ich nicht. Als ich ein paar Minuten danach wach wurde und über die Kellertür laufen wollte, um in ein anderes Zimmer zu kommen, passierte es. Der Schreck saß uns allen noch für lange Zeit in den Knochen.

## Moş Gheorghe

Eines Morgens beim Aufstehen hörte ich aus dem Bereich des Dachbodens laute Geräusche und kräftige Schritte. Ich wurde sehr neugierig und rief zur Türe hinaus:

„Omika, wer ist bei uns oben?“ Omika näherte sich schnell der Tür und antwortete mit gedämpfter Stimme:

„Nicht so laut Kind, es ist Moş Gheorghe.“ (Moş, gelesen „mosch“ ist in rumänischer Sprache die Bezeichnung für einen sehr alten Mann).

„Wer ist Moş Gheorghe?“, fragte ich und wollte gleich die Treppen zum Dachboden hinauflaufen, um dem Unbekannten zu folgen.

„Warte ab, bis Moş Gheorghe herunterkommt. Er holt ein paar Sachen.“

„Was für Sachen? Puppen auch, Spielzeuge?“

„Nein, keine Sorge, Moş Gheorghe ist alt, er spielt nicht mehr mit Spielzeug. Er ist aber sehr arm und wir schenken ihm Sachen, die wir nicht mehr brauchen, die aber noch gut sind.“

„Und von wo weiß Moş Gheorghe, wann er kommen darf?“

„Ganz einfach“, sagte Omika, „Tante Lala geht beim Heim vorbei, wo Moş Gheorghe wohnt und sagt ihm, wann er die Sachen abholen kann. Dann kommt er zu uns und wählt sich alles aus, was er braucht. Wir geben ihm dann auch eine warme Mahlzeit und einige Äpfel und Birnen aus dem Garten mit. Wenn Onkel Noldi da ist, bekommt der alte Mann auch noch eine Flasche Schnaps mit auf den Weg.“

In der Zwischenzeit waren von oben keine Geräusche mehr zu hören. Ich hörte jemanden die Treppen herunterkommen. Ich eilte aus dem Zimmer hinaus, lief auf die Veranda und wartete neugierig ab. Ich hatte ein wenig Angst vor dem alten Mann, sodass ich mich in einer Ecke versteckte und schaute mit großen Augen und Herzklopfen auf diesen großen Mann, der etwas unbeholfen und gebückt einen Sack auf der Schulter trug und ziemlich ungepflegt aussah. Moş Gheorghe sah, dass ich ihn aus der Ecke beobachtete, verzog das Gesicht zu einem Lächeln und verabschiedete sich von der Omika, die ihn bis zum Gartentor begleitete.

„Küss die Hand gnädige Frau“ rief Moş Gheorghe noch aus dem Tor zurück. Das schräge Gartentor zur Straße weinte, als der alte Mann den Garten verließ. Omika nahm mich an der Hand und wir beide gingen zum Frühstück ins Speisezimmer. Das Speisezimmer war gleichzeitig das Schlafzimmer von Tante Lala und Onkel Noldi. Ein großer Raum mit einem großen Tisch mitten darin, an der einen Wand stand eine nussbraune Kredenz aus glänzend poliertem Kirschbaumholz. Auch der Tisch verfügte über diesen Glanz und jeder der eintrat, konnte sich darin spiegeln. Die sechs Stühle mit gelbgrünem Brokatstoff bezogen, erinnerten mit ihren Verzierungen an vergangene glorreiche Kaiserzeiten. Auf der Kredenz stand eine alte, noch funktionstüchtige Uhr, deren Feder Noldi einmal in der Woche, regelmäßig Sonntagabend, mit dem Schlüssel aus dem Gehäuse vorsichtig wieder aufzog. An der Wand, den breiten Fenstern zur Straße gegenüber, befand sich ein riesiges Bett, in dem vier Kinder Platz zum Schlafen gehabt hätten. Es war doppelt so breit wie Omikas Bett in ihrem kleinen Zimmer, und mit einem handgewebten kirschroten Teppich zugedeckt.

Ich setzte mich auf einen der Stühle, mit Blick nach draußen, direkt neben Omika. Am Kopf des Tisches saß Onkel Noldi, die Tanten setzten sich auf die weiteren Stühle. Lala saß meistens in Richtung Tür, sie konnte, sagte Noldi, dann leicht hinauslaufen und, wenn etwas fehlte, aus der Küche holen. Meistens fehlte aber nichts. Warme Brezeln lagen in ein weißes Tuch in ein Brotkörbchen eingepackt. Frischgekochte Eier von den eigenen Hühnern thronten auf kleinen handbemalten Porzellankelchen. Die Butter wurde in einer außen versilberten Dose aus Glas serviert, wie der Honig und auch die Konfitüre. Weiße und schwarze bittere Kirschkonfitüren standen am Tisch zur Auswahl. Ich liebte es, mit allen gemeinsam am Tisch zu sitzen und dabei den Erzählungen der Erwachsenen aufmerksam zuzuhören. Danach durfte ich, Omika hatte es mir erlaubt, zu allem Fragen stellen, was ich selbst aus den Gesprächen am Tisch nicht verstanden hatte. Omika war immer geduldig und hatte für mich, sie verwöhnte mich gerne mit dem Kosenamen Liuza, unendlich viel Zeit, obwohl sie diejenige war, die im Haus die meiste Arbeit erledigte.
Zwei Wochen nach diesem friedlichen Essen in Omikas Haus,

genau um dieselbe Zeit, gegen zehn Uhr, gab es nach dem schönen Frühstück auf dem Flur eine große Aufregung. Diesmal wurde geflüstert und getuschelt, mehrere Stimmen, die aufeinander einredeten, waren abwechselnd zu hören, sodass es mir schwerfiel, alles zu verstehen. Wortfetzen erreichten meine Ohren und die von meinem Cousin Valli, der auch gerade zu Besuch war. Wir versuchten, das Geheimnis, das wir vermuteten, und das vor uns sorgfältig behütet wurde, zu lüften. Wir ließen nicht locker und durchbohrten Franziska mit tausenden Fragen. Und Franziska erzählte gerne und war froh, das Gehörte zu erläutern.

„Moş Gheorghe wurde verhaftet, und jetzt drohte ihm sogar ein echter Gerichtsprozess. Es wurde ihm vorgeworfen, er sei am Vormittag des 12. Juni in das Haus des Colonels Munteanu eingebrochen; während der Zeit als die Frau Colonel ihre Einkäufe am Markt betätigte und hätte aus dem Haus die Schmuckschatulle und Bargeld aus dem Schrank mitgenommen. Moş Gheorghe schwor, dass er unschuldig sei“, erzählte Franziska weiter. Aber Omika konnte sich beim besten Willen nicht vorstellen, dass der alte Mann, der seit Jahren regelmäßig ihr Haus betrat und Sachen geschenkt bekam, zu so etwas fähig wäre.

„Der Richter, Nunucas Vater, ein angesehener Mann, an dessen Integrität niemand zweifelte, hatte auch einen Augenzeugen vernommen. Alles sei aber sehr undurchsichtig und die Indizien wären nicht ausreichend, weder für einen Freispruch, noch aber für eine Verurteilung. So musste Moş

Gheorghe noch abwarten“, erzählte Franziska weiter, „bis sich etwas Neues ergeben würde. Bis dahin sollte er aber in Gewahrsam bleiben.“

Eine Woche später stellte sich tatsächlich heraus, dass Moş Gheorghe unschuldig gewesen war und die Frau Colonel ihn zu schnell verdächtigt hatte. Sie glaubte einfach, was man ihr erzählte, und hatte Moş Gheorghe angezeigt. Jemand von den Nachbarn hatte den alten Mann tatsächlich in der Nähe des Hauses gesehen und sich seine eigene Geschichte zusammengereimt. Der wahre Dieb war, wie sich dann herausstellte, ein Gymnasiast der nahegelegenen Schule, der eine Wette mit seinen Kommilitonen abgeschlossen hatte und der frech genug war, um diese Wette zu gewinnen, in das Haus des Colonels einzubrechen, die Schatulle und das Geld aus dem Schrank herauszunehmen und diese im Hof zu verstecken.

Als er vor Gericht aussagen musste, erzählte er, wie es sich anschließend auch bestätigen ließ, dass er die Sachen eigentlich nie haben wollte, er brauchte sie auch nicht, da seine Familie wohlhabend war. Vater und Mutter waren beide Ärzte mit eigener Praxis. Er war nur bestrebt, die Wette zu gewinnen. Und die gewann er auch, aber dazu auch eine satte Strafe, die der Richter ihm vorlas. Für den ganzen Schreck und die ganze Unruhe, die er damit in Suczawa ausgelöst hatte, musste er sechs Monate lang jeden Tag, auch an den Wochenenden, der Frau Colonel im Haushalt helfen. Während der Woche sollte er nach der Schule Einkäufe für den Colonel erledigen und seiner Frau bei allen Arbeiten behilf-

lich sein."
Omika, Tante Lala, Tante Valerie, Tante Gisella, Onkel Noldi und auch Franziska waren sich alle einig, der Junge werde sein Leben lang keine solchen Wetten mehr abschließen!

## Die Kater und die Katze

Im Haus der Omika in Suczawa wohnten auch zwei Kater und eine Katze. Die beiden Kater gehörten Tante Valerie und Tante Gisella. Einer von beiden hieß „Murchx“, weil er laut schnarchte und man ihm, damit er mit dem Schnarchen aufhört, immer zurufen musste: „Ruhe, Murchx“. Sein dickes Fell war schneeweiß. Sein Bruder wurde mit dem Namen „Durst“ gerufen, denn er suchte ständig nach Wasser. „Durst“ hatte dunkles Fell, so schwarz wie eine nebelige Nacht; oft konnten wir ihn im Dunkel nicht erkennen. Die Katze gehörte meinem Onkel Noldi und hieß Maja; sie wurde im Monat Mai geboren. Maja war grau mit weißen Flecken; bei Nacht leuchteten ihre Augen smaragdgrün. Wenn Valli uns in den Ferien besuchte, begann jedes Mal der Zirkus mit den Katern. Valli hatte immer Unsinn im Kopf. Gewöhnlich schaffte er die beiden Kater auf den Dachboden und versteckte sie dort. Dann wartete er ab, bis die Tanten nach den Katern suchten, um ihnen ihr Futter zu geben. Auf dem Dachboden, versteckt zwischen Holzkisten, alten Schirmen, Taschen, Decken und anderem über Jahrzehnte gesammeltem Kram, hörten Valli und ich, wie die Tanten auf der Veranda riefen: „Mitz, Piss, Piss, Piss, Mitz, Murchx, Durst, wo seid ihr, Piss, Piss.“ Dann kicherten wir, und Valli freute sich, dass er die Kater später herunterbringen und behaupten konnte, er hätte sie nach langer Suche im Garten der Nachbarn gefunden. Jedes Mal erzählte Valli den Tanten die gleiche Geschichte von der schwierigen

Suche nach den Katern und ließ sich Finderlohn geben, weil er sie wieder nach Hause gebracht hatte. Ich bewunderte Valli. Er war groß für sein Alter, und seine Haare schimmerten wie in der Sonne gebadet. Er trug sie etwas länger, und die Mädchen aus der Nachbarschaft waren neidisch, weil sie so schön glänzten. Witzig war er auch, und ich lernte einiges von ihm.

Ein anderes Mal wollte Valli die Kater unbedingt im Regenwasserfass baden. Er trug sie unter dem Arm, rechts den Murchx, links den Durst. Ich brachte Maja. Valli gab immer den Ton an. Gerade in dem Moment, als wir neben dem Wasserfass ankamen und das Baderitual beginnen sollte, kam Tante Valerie auf uns zu und sagte:

„Kinder, da seid ihr ja, ich habe euch gesucht. Wir fahren gleich mit der Kutsche zur Kirche, ich muss mit den Pfarrer Proschinger sprechen." Was für ein Glück! Diese spontane Fahrt rettete die Kater vor dem Ertrinken. Wir fuhren alle gemeinsam zum Pfarramt. Tante Valerie war sehr gläubig und hielt regelmäßig Kontakt zur Kirche. Insbesondere die Feiertage waren ihr heilig. Jedes Jahr besuchte uns der Pfarrer am Dreikönigstag, er kam zu den Tanten Valerie, Gisella und Amalia - Onkel Noldi rief sie Lala – nach Hause und segnete alle Zimmer des Hauses und ihre Hausbewohner. Für uns Kinder war das immer spannend, denn er brachte Weihrauch mit.

Wenn Peter, mein jüngerer Cousin mütterlicherseits, und Tante Erna zu Besuch kamen, war das für uns Kinder ein Festtag. Tante Erna war Omikas Schwägerin, die Frau von

Onkel Filip. Wir mussten uns ordentlich anziehen und trugen weiße, gestrickte Kniestrümpfe. Peter trug eine kurze Tiroler Hose und ein buntkariertes Hemd; auf seinem Kopf saß ein schöner grüner Tirolerhut mit einer Feder. Auch Tante Erna kam im Tiroler Trachtenkleid mit grünem Hut und Feder. Omika sorgte dafür, dass ich, Liuza, auch schön gekleidet war. Eine weiße Bluse und ein rotes, plissiertes Röckchen hatte sie für mich ausgewählt. Und so festlich angezogen rannten Peter und ich im Garten herum und tobten uns aus. Am schönsten war es nach dem Regen, wenn der ganze Garten nass und voller Pfützen war. Auf den Blättern glänzten kleine, durchsichtige Regenperlen; ab und zu war eine Schnecke mit oder ohne Haus zu sehen, die es eilig hatte, einen gemütlichen Platz zum Ausruhen zu finden. Wir rannten im Garten herum, lachten und sprangen von einer Pfütze zur anderen, manchmal über zwei auf einmal. Tante Erna rief dann voller Sorge: „Peter, Kinder, bitte artig sein, nicht so wild herumlaufen! Peter, du wirst fallen und dich ganz schmutzig machen!“. Wir hörten aber nicht hin. Wir rannten weiter ungebremst herum und landeten auf dem Bauch oder auf den Knien. Bald waren Gesicht und Hände voller Dreck; alles, was vorher weiß gewesen war, sah jetzt grau gesprenkelt aus. Schließlich schlichen wir uns schweigend und reuevoll ins Haus. Natürlich baten wir um Verzeihung. Tante Erna zeigte sich sehr erbost und schimpfte mit Peter. Omika versuchte, sie zu besänftigen und schickte Peter und mich zum Baden. Zwei große Schüsseln mit lauwarmem Regenwasser standen für uns bereit; dazu saubere Kleider.

Ich hatte es besser als Peter. Tante Erna sprach den ganzen Abend nicht mehr mit ihm. Omika gab mir trotz allem einen Gutenachtkuss.

Während des Besuchs von Tante Erna und Peter blieben die zwei Kater und die Katze vom Baden im Regenwasserfass verschont. Auch Valli vergaß dabei seine Experimente. Andere zauberhafte Momente übernahmen deren Platz.

# Nunuca

Der Zug fuhr langsam; ich konnte in Ruhe die Landschaft genießen. Im Abteil unterhielten sich die Erwachsenen eifrig, mit leiser Stimme, als sei das etwas Geheimnisvolles. Mich interessierte das nicht. Ich schaute gespannt nach draußen und freute mich über meinen Sitzplatz am Fenster. Drinnen war es gemütlich warm. Draußen lag überall Schnee. Auf den Dächern der Häuser ruhten weiße schwere Decken. Ich überlegte: „In den Wäldern müssen die Tiere sich ein Versteck zum Überwintern suchen. Hoffentlich haben sie es auch gefunden! Nur ein paar Menschen sind zu sehen; auf Karren transportieren sie Säcke mit Kartoffeln oder Zwiebeln in die Dörfer. Sie tragen Fellmützen und dicke Mäntel, die sie vor der Kälte schützen sollen. Die Fahrt von Bukarest nach Suczawa ist lang, meinte meine Mutter, etwa sieben Stunden. Es macht mir aber nicht viel aus“.

Ein Gefühl von Zuversicht und Freude hatte sich in meinem Herz eingenistet beim Gedanken, meine Freunde wiederzusehen; auch meine Omika, meine Tanten, mein Onkel Noldi, Opapa und Mamamare. Da war auch noch meine liebe Cousine Renate, die ich sehr mochte, weil sie sich gut mit mir verstand und weil ich mit all ihren Puppen früher spielen durfte. Ich fragte mich: „Wie werden sie alle auf mich reagieren, wenn ich sie nach so langer Zeit wieder besuche?“ Seit den Sommerferien waren einige Monate vergangen. Bei dieser Erkenntnis spürte ich eine gewisse Sorge und setzte meine Gedanken fort: „Ich hoffe, dass mich Onkel Noldi auch dieses Mal - wie in den vergangenen Jahren - mit dem Fiaker vom Bahnhof Iţkani abholt.“

Die Zeit verging schnell und ich merkte gar nicht, dass der Zug nach Iţkani eingefahren war. Auf dem Bahnsteig sah ich meinen Onkel, der mir froh zuwinkte. Ich stieg aus, umarmte meinen Onkel und hörte, wie Onkel Noldi erfreut zu mir sagte:

„Wie geht es dir, meine kleine Liuza? Wir freuen uns alle, dich wieder bei uns zu haben!" Seine blaugrünen Augen strahlten viel Wärme aus; mir erschienen sie wie Lichter in der dunklen Nacht. Onkel Noldi hielt meine Hand fest in der seinen, das gab mir Sicherheit.

Ich fing gleich an zu erzählen: Über die Zugfahrt, über die Menschen, die ein- und ausgestiegen waren und über ein lustiges Ereignis.

„Einer der Fahrgäste, der in Piatra eingestiegen ist, nahm aus einem großen Sack Käse, Wurst, Brot und Wein und lud uns alle im Abteil zum Mittessen ein."

„Und? Hat es geschmeckt?“ fragte mein Onkel lachend.

„Ja, ich war wirklich froh. Ich hatte Hunger. Die Brote, die Mama mir mitgegeben hatte, habe ich gleich nach der Abfahrt des Zuges in Bukarest schon aufgegessen.“ Anschließend stellte ich meinem Onkel ununterbrochen Fragen:

„Hat Omika Kuchen für mich gebacken? Kommt auch dieses Jahr der Weihnachtsmann zu uns? Hast du Nunuca gesehen, ist sie zuhause oder ist sie weggefahren?“ Meine

Fragen brausten wie ein Wasserfall. Ob ich in meiner Ungeduld die Antworten hörte, wusste ich nicht mehr. Ich wusste nur noch, dass der Onkel lachte.

Vor dem Bahnhof warteten auf die Gäste einige Kutschen mit rassigen Pferden. In einer davon stiegen auch wir, Onkel Noldi und ich ein. Er deckte mich vorsorglich mit einer warmen, rauen Decke zu. So war ich gut eingemummelt, und ich spürte die Kälte während der sieben Kilometer langen Fahrt nach Hause zu Omika nicht.

Draußen konnte ich beim Ausatmen weiße Zirkel in die Luft zeichnen. Dazu meinte Onkel Noldi, es wären mindestens zehn Grad Frost. Im Galopp tanzten die Pferde im Schnee. Kleine Glöckchen schmückten ihre schlanken Hälse. Glockenklang und Galopp wurden zu einer Melodie und hatten unseren Weg begleitet. Ich war froh und dachte jetzt nur an Nunuca. Je mehr wir uns Nunucas Haus näherten, desto mehr fing mein Herz an laut zu pochen.

Nunuca wohnte in einem großen weißen Haus. Obwohl die Bausubstanz alt war, wie mir mein Onkel einmal erklärte, wirkte das Haus wie neu gebaut. Die Lichter, die ich beim Vorbeifahren in den Fenstern sah, weckten in mir die Hoffnung, dass Nunuca mit ihrer Familie zu Weihnachten in Suczawa bleiben würde. Ich überlegte, wie sehr ich mich darüber freuen würde und lächelte vergnügt.

Nunuca war die einzige Tochter des in Suczawa bekannten Richters. Ein stämmiger Mann, elegant mit weißen

Haaren und braunen Augen. Wenn wir Kinder ihn grüßten, antwortete er uns freundlich mit einem Lächeln, gleichzeitig behielt er eine gewisse Distanz. Tante Lala erzählte mir früher, er genieße Respekt und Ansehen. „Das ist ja auch verständlich in seinem Amt", meinte meine Tante. Nunuca schien immer fröhlich zu sein, wenn ich sie besuchte. Ich vermutete, dass sie ein sorgloses Leben führte, und dass ihr viele Wünsche und Träume erfüllt würden. Aber ich wusste auch, dass sie die Erwartungen ihrer Eltern sehr belastet hatten. Klar und unmissverständlich wurde von ihr verlangt, sie müsse in der Schule immer die Beste sein. „Das lastet schwer auf ihren jungen Schultern", sagte Tante Lala.

Nunuca erzählte mir, dass sie während der Schulzeit kein Kind besuchen dürfe. Sie hatte keine Freundinnen, weil ihr dafür die Zeit fehlte. Mit mir war es anders, ich kam nur in den Ferien. Außerdem fanden ihre Eltern es gut, dass ich aus einer Akademikerfamilie stammte. Ihnen war auch bekannt, dass meine Tante Deutschunterricht gab und dass ich in meiner Bukarester Schule als Musterschülerin galt, da ich fleißig war und gute Noten bekam. In den Ferien musste Nunuca Klavierunterricht nehmen; manchmal auch Schwimmunterricht. Sie stand immer unter Zeitdruck. Dennoch waren wir froh, wenn wir Zeit zum Spielen hatten.

In diesem Winter wollten Nunuca und ich wieder Schlitten fahren oder mit meinem Onkel gemeinsam Rodeln gehen. Onkel Noldi hatte auf dem Boden einen großen Schlitten für drei Personen verstaut, mit dem wir auch in den vergangenen Wintern schon viel Spaß hatten. „Ich kann mich erinnern, wie lustig es war, als wir die hügelige Hauptstraße, die vor Omikas Haus vorbeiführt, mit hoher Geschwindigkeit herunterfuhren: Ständig blieb einer von uns mitten auf dem Weg liegen. Erst als wir unten angekommen waren stellten wir fest, dass einer von uns fehlte. Dann lachten wir alle ganz laut, warteten ab, bis der dritte kam und fuhren bis in die Nacht hinein. Wenn wir dann nach Hause kamen, waren wir ziemlich durchnässt und mussten schnell unsere nasse Bekleidung mit trockener wechseln. Wir waren aber so vergnügt, dass wir in der Nacht weiter davon träumten."

## Rote und blaue Mützen

Eine magische und zaubervolle Zeit stand uns Kinder noch bevor. Der Schnee leuchtete mit silbernen Sternen. Weiß glitzernde Girlanden schmückten die Stadt und die nahe liegenden Dörfer. Im Haus war es gemütlich warm. Aus der Küche strömte ein feiner Duft von gebackenen Plätzchen. Tante Gisella und Tante Valerie, die Schwestern meines Onkels Noldi, backten fleißig. Bis Nachmittag sollte alles fertig sein. Die ersten Gäste wurden schon zum Tee erwartet. Ich schaute durchs Fenster, das mit kleinen und großen Eissternchen geschmückt war. Eiszapfen zierten wie Stalaktiten in einer Grotte die Hausdächer. Der Boden glänzte an vielen Stellen wie ein Spiegel. In der Luft tanzten kristalline Kinderstimmen. Dutzende bunter Schneemänner hatten sich versammelt und sprangen, jauchzten, schlugen Rad, machten Purzelbäume und lachten. Ihr Lachen wirkte ansteckend.

Die Kinder im Ort wurden alle schon in aller Früh aus dem Schlaf gerissen, mich eingeschlossen, und wir eilten aus dem Bett, durch die Tür hinaus, einige sogar ohne Frühstück oder halb angezogen. Wir wollten alle draußen mitfeiern. Rote, blaue, gelbe und grüne Mützen mit Schlittschuhen oder mit Schlitten mischten sich in die Menge der Schneemänner. Eine rote Mütze hatte Karotten mitgebracht, aus Sorge, einige könnten beim Herumtollen die Nasen verloren haben. Blaue Mützen dachten an die Augen und brachten einen kleinen Sack mit Kohlestückchen aus dem Keller mit. Die Aufregung auf der Straße war groß. Es waren Ferien, die Schulen waren geschlossen und keiner musste oder wollte an Schulaufgaben denken.

Die Freude war bis ans Ende der Straße zu spüren und von dort bis zum Nachbarort. Schneebälle flogen in alle Himmelsrichtungen durch die Luft. Wie ein Wasserfall rauschten die stolzen Kinderstimmen. Onkel Noldi stieg in die Kutsche, die vor dem Haus auf ihn wartete. Er sollte die Gäste abholen. Es waren meine Eltern, die zu Weihnachten die Familie besuchten. Im Galopp liefen die Pferde zum Bahnhof Iţkani; bis in die Ferne war die Musik der Glöckchen am Hals der Pferde zu hören. Am Marktplatz neben dem Rathaus erstrahlte ein riesiger Weihnachtsbaum bis in den Himmel. Es duftete nach Schmalzkuchen und heißen Maronen. Am blauen Horizont sah man das majestätische Auftreten der Nachtkönigin. Es war sehr kalt geworden und die Hunde bellten nicht mehr. Die Zeit für das Zubettgehen kam leise, ohne Ankündigung.

Die roten, blauen, gelben und grünen Mützen wurden auch schon reichlich müde aber dennoch zufrieden. Ein wenig Wehmut und Sorge nahm ich mit ins Bett. Ob die Schneemänner am Morgen noch da wären? Alle? Würden sie noch so lustig springen und tanzen? Meine Mutter streichelte meine Stirne, zupfte die Decke zurecht und flüsterte: „Schlaf gut mein Kind, die Sonne wartet morgen auf dich."

Zu Weihnachten waren wir alle froh. Der Weihnachtsbaum war jedes Mal anders geschmückt, aber immer unvergleichlich königlich. Diesmal reichte er bis zur Zimmerdecke, die

Äste waren symmetrisch gewachsen. Mutter und ich hatten diesmal das Schmücken übernommen. Jedes Teil wurde von uns einzeln ausgepackt, und wir überlegten gemeinsam ganz genau, wo es im Baum am besten aufgehängt werden könnte. Das machte uns viel Freude! Viele rote, gelbe und grüne Kugeln, Holz- und Glasspielzeug, Figuren, Nüsse und winzige Äpfel schmückten den Baum.

Die Engel, die ganz oben schwebten, gaben mir das Gefühl, sie seien gerade aus dem hohen Himmel heruntergekommen, um uns alle zu beschützen. An der Spitze des Baumes brachte mein Vater den Weihnachtsstern an. Er erstrahlte in Gold über allem! Das gefiel mir besonders und wir alle fühlten uns in unserer Freude noch mehr bereichert. Gemeinsam sahen wir uns die Bilder in den großen Familienalben an. Omika, Tante Lala, Onkel Noldi, Tante Valerie und Tante Gisella, sie alle teilten ihre Freude mit meinen Eltern und mit mir. Vater fotografierte jedes Jahr alle, die da waren. Er erzählte ständig etwas Lustiges und wir lachten. Mutter war wieder einmal sehr schön gekleidet, und ich auch. Im Grunde trugen alle an diesem Tag Festtagskleider. Auf die Geschenke, die unter dem Weihnachtsbaum lagen, waren wir alle gespannt, besonders ich. Dabei dachte ich darüber nach, wie sehr meine Mutter mich liebte, und ich wusste, dass ich meine Mutter auch sehr lieb hatte. Wir beide waren richtige Freundinnen geworden, und ich konnte ihr alles anvertrauen. An diesem besonderen Feiertag waren wir alle zusammen, Alt und Jung, Klein und Groß und außergewöhnlich froh; alle Sorgen, alles

Unangenehme war vergessen, weggezaubert. Das passierte nicht häufig. Einige Tage später folgte das neue Jahr, erneut mit vielen Aufgaben und Pflichten für Groß und Klein, Jung und Alt, sodass alle bereits auf die nächsten Ferien ungeduldig warteten.

Beim Besuch des Weihnachtsmannes fiel mir früher auf, dass jedes Mal ein Familienmitglied fehlte. Später erkannte ich, dass dieses den Weihnachtsmann spielte und den roten Mantel und die Mütze trug. Auch die Größe, die Schuhe und die Stimme änderten sich von Jahr zu Jahr. Alle waren vergnügt und amüsierten sich über meine Reaktion und über meine Fragen: „Warum ist dieses Jahr der Weihnachtsmann so klein?“ „Warum hat er jetzt andere Schuhe als beim letzten Mal?“ Ja, Kinder waren schon immer genaue Beobachter!

***

Emilie erinnert sich weiter an den großen Garten mit Obstbäumen und Beerensträuchern, die im Winter unter der Schneedecke ruhen. Sie erinnert sich an warme Zeiten, an Geborgenheit, Freude, Zuversicht und Vertrauen.

# Tollwut

Und wieder eine Katze, dieses Mal im Bukarest. Es schien, als würde mein junges Leben von Katzen begleitet. Was unternehmen Eltern, wenn ihr Kind von einer Katze, die im Verdacht steht Tollwut zu haben, angegriffen und verletzt wird? Ich weiß noch, was bei uns los war!

An einem Wochenende, es war ein lauer Sommerabend, lud Vater meine Mutter und mich ins Restaurant an der Chaussee ein. Ich ging öfter mit meinen Eltern aus. Ich liebte es, in einem Garten, in dem Rosen, Hyazinthen und weitere Blumen einen betörenden Duft verbreiteten und in dem eine Musikkapelle spielte, festlich zu essen. Ich war das einzige Kind meiner Eltern, und sie versuchten, mich nicht alleine zuhause zu lassen. Meine Eltern tanzten gerne, und an solchen Abenden hatten sie Gelegenheit dazu. Vater hatte einen Tisch reserviert, und wir folgten ihm in Festtagskleidern die Chaussee entlang bis zum Restaurant im Park Herăstrău. Der Park war sehr bekannt und beliebt bei der Bukarester Bevölkerung, er wurde an den Wochenenden gerne besucht. Er befand sich nicht sehr weit von unserem Zuhause entfernt, und wir gingen zu Fuß hin.

Diesmal waren die Eltern mit zwei befreundeten Ehepaaren verabredet. Wir saßen an einem Tisch für acht Personen; es war genug Platz, um gemütlich zu sitzen und genüsslich zu speisen. Das Grillangebot war reichlich; es gab

Fleisch und Fisch. Wir aßen sehr gerne Steaks und „Mititei“, eine Art Cevapcici. Man trank dazu weißen und roten Wein; ich bekam eine Limonade.

Die Musikkapelle bestand aus fünf Musikern: einem Pianisten, zwei Geigern, einem Akkordeonisten, einem Mann mit Kontrabass und einer Sängerin. Ihr Repertoire gehörte zu „Musik zum Tanzen und Trinken“, wie manche Leute es nannten. Sie spielten Tangos und ab und zu auch ein Walzer; die Gäste tanzten eifrig. Die Sängerin gab Romanzen und sogenannte „Glasweinmusik“ (auf Rumänisch „Muzică de pahar“) zum Besten. Sie war schon etwas reifer und hatte, wie die Männer am Tisch meinten, einen „prächtigen Balkon“ und „stramme Beine“. Im ersten Teil des Programms trug sie ein schwarzes, langes Kleid mit Pailletten und Schuhe mit hohen Absätzen. Nach der Pause erschien sie - der Musik entsprechend - in einem Trachtenkleid mit gestickten roten Blumen und schwarzer Schürze. Die Haare hatte sie hochgesteckt und mit einer roten Rose geschmückt. Zur Folkloremusik drehten die Gäste die „Hora“. Nach einigen Flaschen Wein schien die Fröhlichkeit auszuufern. Mancher Gast wurde diskret mit dem Taxi nach Hause gefahren, man wollte unkontrollierten Lärm vermeiden. Trotzdem fiel immer wieder jemand aus dem Rahmen, wie Vater zu sagen pflegte, und fand einen kurzen Schlaf unter dem Tisch. Aber nicht für lange Zeit.

Im Restaurant waren auch zwei Katzen, die unter den Tischen herumstreiften und sich offensichtlich heimisch fühlten, weil sie ab und zu von den Gästen mit einem Stückchen Fleisch gefüttert wurden. Auch ich fand es lustig, der grauen Katze, die sich mir näherte, unbeobachtet etwas vom Teller zu geben. Dabei versuchte ich sehr vorsichtig zu sein, denn meine Eltern duldeten so etwas beim Essen nicht. Nach ein paar kleineren Portionen, die ich ihr zuwarf, wurde die Katze immer gieriger und aufdringlicher. Plötzlich sprang sie auf meine ausgestreckte Hand zu und kratzte mich dabei so stark, dass ich blutete und „Aua!" rief. Das bekamen natürlich alle am Tisch mit; und meine Eltern äußerten sofort ihr Missfallen. Der Abend ging aber trotzdem fröhlich weiter. Die kleine Wunde wurde zuhause mit Alkohol desinfiziert und alles war gut. Ich konnte gut schlafen.

Einige Tage später kam mein Vater sehr aufgeregt von der Arbeit nach Hause. Ich hörte, wie er Mutter etwas erregt zuflüsterte. Ich belauschte sie, das machte ich immer, wenn ich den Eindruck hatte, ich könne etwas Wichtiges verpassen. Vater erzählte Mutter, dass in der Tageszeitung ein Artikel über Tollwut bei Katzen und Hunden stehe, der auch eine Warnung für die Eltern enthielt. Angeblich würden auf Bukarester Straßen und in Restaurants einige Katzen und Hunde herumstreunen, die in Verdacht stünden, Tollwut zu übertragen. Es werde empfohlen, verletzte Personen, insbesondere Kinder, die gekratzt oder gebissen wurden, gleich impfen zu lassen und das verdächtige Tier unverzüglich beim Tierärztlichen Hochschulinstitut abzuliefern. Dort sollte es dann untersucht werden. Vater erzählte Mutter, dass er schon im

Restaurant, in dem wir am letzten Samstag gegessen hatten, nach der Katze gefragt hatte. Er hatte dem Oberkellner sogar einen Betrag von fünfzig Lei in Aussicht gestellt, sollte er diese Katze finden und ihm bringen. Mutter war konsterniert und sagte leise:

„Und du glaubst, dass diese Katze leicht zu finden wäre? Sie ist doch eine streunende Straßenkatze. Wird sie überhaupt noch da sein oder wieder hinkommen?“ Mutter bezweifelte das. Aber Vater war überzeugt, dass diese Katze, diese graue Katze, die im Lokal an der Chaussee nach gutem Essen suchte, dort wieder zurückkehren würde. Es war sein innigst gehegter Wunsch, die Katze zu finden und zum Institut zu bringen.

Zwei unruhige Wochen vergingen. Vater wartete ungeduldig, dass der Oberkellner sich meldete. In dieser Zeit bekam ich eine Spritze gegen Tollwut in den Bauch. Denn die Ärzte waren der Meinung, präventiv tätig werden zu müssen, obwohl ja noch gar nicht klar war, ob diese Katze, die mich gekratzt hatte, mit Tollwut infiziert war. Sie wurde ja immer noch nicht gefunden und somit auch nicht untersucht.

Nach weiteren zwei Wochen rief der Oberkellner meinen Vater an und teilte ihm mit, dass er die gesuchte Katze gefunden und in einen Jutesack gesteckt habe. Er hatte seine Kollegen auf Katzenjagd geschickt, und die Katze sei nach langer Suche eingefangen worden. Mein Vater war überglücklich und erzählte meiner Mutter die Neuigkeit. Ich erfuhr, dass er die

Katze abholte und zur Untersuchung ins Institut brachte.

Nachdem mein Vater die Angelegenheit erledigt hatte und froh nach Hause zurückkehrte, hörte ich, wie meine Mutter zu ihm sagte:

„Und wie willst du wissen, dass genau diese Katze unser Kind an dem Abend, als wir im Restaurant waren, gekratzt hat? Viele Katzen sehen ähnlich aus, und graue Katzen gibt es wie Sand am Meer." Vater war verblüfft. Er schwieg einige Minuten und antwortete:

„Der Oberkellner hat mir versichert, dass seine Leute die Katze erkannt hätten, sie kommt dort immer wieder vorbei. Es muss diese Katze gewesen sein!" Da lachte Mutter und ließ alles auf sich beruhen.

Zehn Tage später rief ein junger Assistent vom Institut an und informierte Vater, dass die untersuchte Katze erfreulicherweise nicht erkrankt und nicht mit dem Tollwutvirus infiziert sei. Ich brauchte also keine weitere Impfung.
Als meine Mutter diese Nachricht hörte, sagte sie laut:

„Ich hätte das Kind sowieso nicht wieder zum Impfen gebracht. Sollen doch die Ärzte sich selbst impfen, soviel sie wollen. Aber nicht mein Kind!" Mich freute es einerseits zu hören, dass alles gut war, andererseits bedauerte ich es sehr, nicht noch einmal zum Institut gebracht zu werden. Als ich meine erste Impfung bekam, sah ich dort viele Affen, Hunde, Hasen und andere Tiere, die untersucht werden sollten. Sie taten mir alle sehr leid. Sie schrieen schrecklich laut und waren sehr unruhig, so, als wollten sie versuchen, aus ihren

Käfigen auszubrechen. Alle Käfige waren überfüllt. Ich dachte, die Untersuchung müsse bestimmt mit viel Schmerz für die Tiere verbunden sein. Als ich dort danach fragte, wurde mir mit einer Frage geantwortet:

„Wie soll man Gegenmittel für Krankheiten erforschen, ohne Tierversuche durchzuführen?“ Ich überlegte, „die Erwachsenen denken, ich sei zu jung, um weitere Fragen zu stellen. Für sie ist alles Routine und hat seine Ordnung. Aber ich verstehe es nicht.“

# Alte Kleider

Es war ein milder Herbst mit scheuen Sonnenstrahlen und buntem Laub. Ich liebte die rostbraunen Farben der Eichenblätter, die sich so schön zum Malen eigneten. Ich war wieder zuhause in Bukarest und wurde endlich eingeschult. Das erste Schuljahr hatte begonnen. Ein ganz besonderes Jahr! „Was für ein aufregender Tag war dieser erste Schultag!" überlegte ich, als ich gleich nach dem Mittag von der Schule zurückkam. Auch meine Kleidung war besonders: Ich trug ein dunkelblaues Röckchen mit weißer Bluse und weißer Schürze, weißgestrickte Dreiviertelsocken und dunkelblaue Sandalen. Die braunen Haare wurden mir mit weißen Schleifen zu zwei Zöpfchen gebunden. Auf dem Rücken trug ich mit Stolz den schweren Ranzen voll mit Büchern und Heften. Die Bücher wurden uns in der Schule verteilt. Meine Eltern mussten dafür keine Gebühren zahlen. Es wurde ihnen mitgeteilt, dass am Schuljahresende die Bücher im guten Zustand zurückzugeben wären.

Noch an der Tür rief ich laut:

„Aurica, Aurica, bin wieder da!" Aurica eilte zur Tür und umarmte mich. Anschließend fragte sie neugierig:

„Und wie war dein erster Tag? Ich sehe deine Augen leuchten voller Freude! Hast du viele Kinder kennengelernt? Erzähl!" Ich war so aufgeregt, dass ich beim Erzählen, die Worte verschluckte und kurze Antworten gab:

„Wunderbar, viele Freunde und ich sitze in der zweiten Bank, gleich neben der Tür!“ Dann wollte ich unbedingt wissen, was Aurica zum Essen vorbereitet hatte. Aurica kündigte an:

„Zur Feier des Tages gibt es dein Lieblingsessen, Schnitzel mit Pommes Frites. Das Essen ist fertig“. Als ich vor mir die große Portion auf dem Teller sah, fing ich an, vor Freude in die Hände zu klatschen. Ich freute mich riesig.

Aurica bemühte sich sehr darum, alles was mir schmeckte für mich zu kochen. „Ich glaube, dass sie mich sehr gerne hat; häufig streichelt sie meine Stirne oder umarmt mich und hilft mir gerne bei der Handarbeit, die für die Schule anzufertigen ist”, überlegte ich laut und holte meine Hefte aus dem Schulranzen heraus. Aurica sorgte für mich in der Zeit, in der meine Eltern bei der Arbeit waren. Sie begleitete mich auch manchmal zum Ballettunterricht. Mutter wusste, dass Aurica zuverlässig war und schätzte, wie schnell und fleißig sie arbeitet. Und so verlief ein halbes Jahr.

Wie jeden Tag nach dem Essen versuchte ich auch in diesem Tag als erstes meine Schulaufgaben zu machen. Ich wollte schnell Freizeit haben, um mich mit den Nachbarskindern zum Spielen zu treffen. Es war ein Frühlingstag mit sonnigem, lauem Wetter. Ich saß in dieser Jahreszeit meistens bei offenem Fenster an meinem Schreibtisch, den ich sehr mochte, da er aus Kirschholz war und ich mich in seinem Polierglanz spiegeln konnte. Mein Zimmer lag im Hochparterre mit Blick auf die Straße. Wir wohnten in einem schönen Bukarester Viertel an der Chaussee. Der Duft der Blumen im Garten und die Blüten des Flieders vor dem Fenster bereiteten mir Freude und gaben mir Energie und Kraft zum Lernen. Da hörte ich von der Straße eine Stimme laut rufen: „Alte Kleider kaufen wir, alte Kleider, alte Kleider kaufen wir!“ Die Männerstimme wurde immer lauter, der Rufer näherte sich unserem Haus. Meine Neugier wurde immer größer, ich lief zum Fenster und dort sah ich einen älteren Mann, mit braungrauen Kleidern, die sehr ramponiert wirkten. Auf dem Kopf trug er einen alten Hut, der Glanz und Form längst verloren hatte. An seiner Schulter hing ein großer, halb voller brauner Sack. Ohne lange zu überlegen, machte ich ihm schnell ein Zeichen. Der Mann sollte zu uns hereinkommen. Er schien überrascht zu sein, folgte aber der Einladung. Ich war mir sicher, dass ich richtig handelte. Der Mann mit den braungrauen Kleidern, mit dem alten Hut und den kaputten Schuhen wirkte unsicher und fragte:

„Haben Sie wirklich alte Kleider zu verschenken oder zu verkaufen? Ich nehme gerne alles mit.“

„Ja“, sagte ich, „kommen Sie nur herein.“ Ich führte den Mann ins Zimmer meiner Eltern. Dort öffnete ich den Kleiderschrank und nahm einige Kleider heraus, die mir gehörten und die ich nicht besonders mochte. Dazu gehörte auch ein ganz neuer Cord-Hosenanzug, zweiteilig, in Orange. Meine Eltern hatten ihn mir vor Kurzem aus Wien mitgebracht, als sie auf einer Reise durch Österreich und Ungarn waren. Dieses Geschenk gefiel mir gar nicht; ich fand mich damit komisch angezogen. Dem Mann gab ich noch ein Kleid meiner Mutter und ein Jackett meines Vaters mit. Beide, so beschloß ich, waren nicht mehr neu und also nicht mehr zu gebrauchen. Das Ganze krönte ich mit einer Stoffpuppe, die ich für seine Kinder auswählte. Als ich dem Mann alles überreichte, strahlte sein trauriges Gesicht vor Freude, und er fragte:

„Kleines Fräulein, was möchten Sie für das alles haben?" Ich überlegte kurz, dann sagte ich schnell:

„Fünf Lei, ich will mir ein Eis davon kaufen". Der Mann wackelte mit dem Kopf, packte die Sachen in seinen halbvollen Sack, gab mir die fünf Lei, bedankte sich höflich und verließ in aller Ruhe das Haus.

Aurica war während dieser Zeit in der Küche erneut mit Kochen und Putzen beschäftigt und hatte von alldem nichts mitbekommen. Am Abend erzählte ich stolz von dem Besuch und dem Geschäft mit den alten Kleidern. Meine Eltern waren entsetzt und sogar ein wenig erschrocken. Gleichzeitig amüsierte sie dieses Ereignis. Sie lachten laut über mich. Danach fragte mich mein Vater mit strenger Stimme:

„Liuza, was hättest Du gemacht, wenn der Mann nicht so korrekt gewesen wäre und stattdessen den ganzen Schrank leergeräumt hätte? Wie kannst Du einen Unbekannten, einen Fremden, ins Haus lassen, ohne Aurica dazu zu rufen! Aurica hat nichts gehört und gewusst!" Ich gab keine Antwort, zuckte mit den Schultern und versprach, dass ich so etwas nie mehr tun würde.

## Das Eichhörnchen

Das erste Schuljahr ging zu Ende. Es war ein aufregendes Jahr, mein erstes! Die Schule trug den Namen des klassischen rumänischen Schriftstellers und Dramatikers Ion Luca Caragiale. Sie beherbergte die Klassen eins bis zwölf, so dass wir, die Erstklässler, die älteren Schüler immer in der Pause beobachten konnten. Wir fanden es ganz aufregend zu sehen, wer mit wem befreundet war, wer rauchte, wer die schönste Uniform trug oder wer die Haare modern frisiert hatte. Dann tauschten wir diese Erkenntnisse untereinander aus. Wer das meiste erzählen konnte, bekam einen Kaugummi oder Bonbons von den anderen geschenkt. Die Jungs aus meiner Klasse waren an diesen Geschichten nicht interessiert. Sie waren froh, wenn sie auf dem Schulhof mit einem von den älteren Schülern Fußball spielen konnten.

Da ich mit meinen Eltern ganz in der Nähe der Schule wohnte, durfte auch ich diese Schule besuchen. Mit jedem Schritt näher an der Schule spürte ich, wie aufgeregt ich wurde, weil ich so viele neue Kinder und die neue Klassenlehrerin, Frau Neder, kennen lernen durfte. Mit vielen Kindern schloß ich schnell Freundschaft. Meine beste Freundin, Pussi, war witzigerweise sehr groß gewachsen, ganz im Gegensatz zu mir. Sie war die Größte, ich die Kleinste in der Klasse. Deshalb setzte mich Frau Neder ganz vorne in die zweite Bank rechts neben der Tür. Pussi musste ganz hinten sitzen. Ich drehte mich häufig zu ihr um, um etwas ihr zu flüstern, aber nur, wenn Frau Neder das nicht merkte. Gleich zu Beginn des Schuljahres nannte sie mich „Eichhörnchen“! Den Grund dafür lieferte ich selbst: Ich lief ganz schnell, wenn man mich schickte, Kreide oder Schwamm aus dem Lehrerzimmer in die Klasse zu bringen. Das war häufig der Fall und es machte mir gar nichts aus. Im Gegenteil, es war pure Freude, hin und her zu laufen! Der Kosenamen blieb mir bis zur fünften Klasse.

Nach der Schule verbrachte ich viel Zeit mit Pussi. Sie kam fast jeden Tag mit dem Fahrrad zu mir. Wir lernten gemeinsam und machten schnell unsere Schulaufgaben. Danach durften wir uns endlich draußen im Garten oder auf der Straße austoben. Manchmal gingen wir zu Pussi nach Hause. Dort waren die Räume voll mit Bücherregalen, und die Wände wirkten, als seien sie mit Büchern tapeziert.

Man erlaubte uns, einige aus dem Regal zu holen und hineinzuschauen. Pussis Vater erklärte uns viel aus Geographie und Geschichte. Das waren seine Fachgebiete als Professor an der Universität. Eines Tages erzählte mir Pussi, dass ihre Mutter eine junge Assistentin ihres Vaters gewesen war. Das fand ich lustig! Die junge Frau hatte sich noch vor Pussis Geburt in ihren älteren Professor verliebt, und er hatte sie geheiratet. An der Uni behielt sie ihre Stelle als Assistentin, auch später, als Pussi auf die Welt kam. Einige Jahre später, als Pussi zur Schule kam, promovierte ihre Mutter und so wurde sie Doktorin.

Auf dem Schulhof ging es sehr lebhaft zu. In der Klasse herrschte demgegenüber Ruhe. Frau Neder war sehr streng. Sie legte viel Wert auf Disziplin und Fleiß. Sie war deutschstämmig wie meine Familie. Ich überlegte: „Meine Eltern sind etwas milder. Aber auch sie - insbesondere mein Vater - erwarten, dass ich eine gute Schülerin bin.“ Ich wünschte mir, aus Liebe zu meinem Vater, immer zu den besten in der Klasse zu gehören und, sodass meine Eltern stolz auf mich sein könnten. Und in der Tat konnte Frau Neder meinem Vater häufig berichten, dass ich, seine Tochter fleißig war und mich in der Klasse aktiv beteiligte. Am Ende des Schuljahres dankte Frau Neder meinem Vater dafür, dass er sich im Elternrat um die Belange der sozial benachteiligten Kinder kümmerte. Mein Vater hatte „eine wichtige Funktion“, sagte meine Klassenlehrerin. Er war Vorsitzender des Elternrats in meiner Klasse.

Kurz vor den Sommerferien fand in der Aula des Gymnasiums die jährliche Preisverleihung statt. Zunächst waren die ersten Klassen, die zur Grundschule gehörten, an der Reihe. Fünf Kinder aus unserer Klasse erhielten Preise und Auszeichnungen von der Klassenlehrerin. Alle Kinder trugen die Schuluniform, sahen gepflegt und fröhlich aus. Wie das Foto in der Zeitung zeigte, hatte das kleine Mädchen ganz rechts ein Lächeln im Gesicht. Ihre Augen strahlten vor Freude. Sie trug einen hellblauen Sarafan mit einem weißen runden Kragen und eine weiße Schürze, dazu weiß gestrickte Kniestrümpfe. Die Halbschuhe waren dunkel. Die Haare waren zu zwei Zöpfchen mit weißen Schleifen gebunden. Da sie lang waren, wurden sie in zwei Brezeln verwandelt, um noch gepflegter zu wirken. Ein weißes Band schmückte den Kopf zusätzlich. Es war Pflicht, so ein Band zu tragen. Auch die Lehrerin war ganz festlich angezogen; sie trug ein weißes, plissiertes Kleid. Sie gratulierte den Kindern und drückte die ihr entgegengestreckten Hände freundlich. Die Aula war voll mit Eltern, Geschwistern, Verwandten und Freunden. Am Mikrophon stand der Schuldirektor mit einem Blatt Papier in der Hand und verlas laut die vorbereitete Rede. Er war ein mittelgroßer stämmiger Mann mit Brille. Das Publikum klatschte und rief „Bravo!" Die Kinder hielten ihre Preise stolz in der Hand; manche schauten sich die Urkunden neugierig an.

Auf dem Foto in unserem Tageblatt erkannte ich Pussi, mich und drei weitere fröhliche und stolze Kinder. Pussi und ich hatten das Schuljahr sehr gut abgeschlossen. Pussi erhielt den ersten Preis, ich den zweiten. Unsere Eltern waren froh darüber. Mein Vater hatte aus viel Stolz sogar das Foto aus der Zeitung herausgeschnitten und es vorsichtig ins Fotoalbum hereingelegt. Ich erinnerte mich, dass unser Nachbar Mircea, der bei der Zeitung arbeitete, dafür sorgte, dass auch die Presse dazu kam. So erschien das Foto am nächsten Morgen nach der Feier im Tageblatt.

## Wir bekommen Gäste

Meine ersten Gedanken an diesem Tag waren: „In zwei Tagen feiern wir Silvester! Das Haus wird auch diesmal voller Gäste sein“. Ich wusste, dass meine Mutter, Clarissa, wieder ihre köstlichen Gerichte zubereiten würde. Darüber war ich sehr froh. Meine Mutter war eine wunderbare Köchin, sie hatte vieles von ihrer Großmutter und von ihrer Mutter gelernt. „Omika konnte ganz besonderes Essen zubereiten“, wiederholte häufig meine Mutter. Auch im vergangenen Jahr feierte unsere Familie mit Freunden Silvester bei den Reiners zuhause. Eigentlich gab es die Regel, jedes Mal bei einer anderen Familie aus dem Freundeskreis zu feiern. Dieses Jahr wären Lulu und Moritz an der Reihe. Lulu klagte aber, wie schwer ihr dieses Jahr die Vorbereitungen fallen würden, da ihre kranke Schwiegermutter zu Besuch sei. Meine Mutter sprang bereitwillig für Lulu ein. Sie sagte zum Vater und zu mir:

„Lulu kann nicht gut kochen. Es ist für sie fast eine Strafe, so eine Aufgabe zu übernehmen.“ Mutter kannte Lulu gut. „Sie ist eine Dame und will ihre sorgfältig gepflegten Nägel nicht mit Hausarbeit kaputt machen." Die Bemerkung war nicht zynisch gemeint, vielmehr entsprang sie einer ehrlichen, freundschaftlichen Beobachtung. Ich hielt meine Mutter auch für eine Dame; sie kleidete sich gut und schmückte ihren Hals mit einer Perlenkette. Dann sah sie wirklich schön und elegant aus. Sie machte sich auch keine Gedanken, dass ihre Nägel bei der Hausarbeit beschädigt werden könnten. Beim

Geschirrspülen zog sie nie Gummihandschuhe an, weil sie glaubte, sie würde die Teller damit nicht ordentlich waschen können. Trotzdem hatte auch Mutter schöne und gepflegte Hände. Sie ging regelmäßig zur Kosmetikerin und bekam dort neben der Gesichtsbehandlung auch Maniküre und Pediküre. An den Wochenenden ging sie zum Coiffeur. Dann sah sie fabelhaft aus, sodass Jakob, mein Vater ihr Komplimente machte, und sie antwortete ihm, er sei ein Charmeur.

Die besten Freunde wurden zur Silvesterfeier eingeladen: Martin und Virginia, Moritz und Lulu, ihre Nachbarn Mircea und Elvira, Liuzas Patentante, die Kinderärztin Liza, und Jonas, ihr Mann. Alle waren Akademiker, und einige von ihnen sogar frühere Studienkollegen Jakobs. Es wurde wieder viel gelacht, gegessen und getanzt. Der schöne Chippendale-Tisch mit seinem rotbraunen Glanz wurde für dieses Fest für zwölf Personen hergerichtet. Die Vorbereitungen standen an; sie waren mit viel Arbeit verbunden. Da meine Eltern beide berufstätig waren, war die verbliebene Zeit immer sehr knapp. Sie brauchten Hilfe, insbesondere Clarissa, denn bei ihr lag die meiste Arbeit. Sie pflegte die Wohnung noch einmal zu putzen, wenn sie Gäste erwartete. Ich überlegte: „Unsere Wohnung ist immer sehr sauber und ordentlich gehalten; alles muss seinen Glanz haben, das Geschirr, die Möbel, die Fenster, das Bad und die Küche; so liebt es Mutter. Zum Glück gibt es Aurica, mein Kindermädchen, die ihr bei solchen Gelegenheiten hilft. Vater und ich helfen auch, wo wir können. Jeder bringt sich nach seinen Möglichkeiten ein. Aurica wischt das Parkett mit einem feuchten Tuch, nachdem überall abgesaugt wurde. Mein Vater ist Akademiker und im Ministerium ein wichtiger Mann. Trotzdem ist er immer bereit, im Haus zu helfen. Dann saugt er auch mal die Teppiche ab. Doch nicht so häufig, denn ich glaube, dass Mutter zwar seinen guten Willen schätzt, es ihr aber an Vertrauen fehlt, dass Vater das so sorgfältig wie sie oder Aurica schafft. Ich wische überall im Haus Staub und ordne all mein Spielzeug, die Puppen, Schulhefte und Bücher ein. Wenn Mutter mich ruft, um den Teig mit ihr zu schneiden und zu rollen, komme ich auch in die Küche. Vater kauft alles Notwendige ein. Mutter und Aurica putzen und kochen gemeinsam. Beim Backen und Kochen lässt Mutter niemanden helfen, genau wie meine Omika. Sie hat beim Backen ihre eigene Methode. Alles läuft mit viel Geduld und Genauigkeit. Sie ist bei unseren Freunden für ihre Küche bekannt."

Clarissa hatte eine Liste mit den Gerichten vorbereitet, die sie am Samstag servieren wollte. Lauter leckere Sachen, die ich sehr liebte: Als Vorspeise dienten kleine Häppchen mit Anchovis-Creme, dann wurden „Salade de Boeuf", Braten mit Champignonsoße und Kartoffeln mit Dill und Butter, Mosaikbrot, Pasteten, Weinblätter mit Fleisch und Reis, Salzstangen serviert. Anschließend würde es auch eine Schokoladentorte und kleine Tartes mit Erdbeerschaum geben sowie Eis und Sahne, Kaffee und Nüsse. Clarissa sagte, dass die Freunde noch einen Salat oder etwas anderes zum Essen mitbringen wollten. Für das meiste aber sorgte Clarissa.

„Wenn ich daran denke, wie schön es voriges Jahr zu

Silvester bei uns war, dann glaube ich, dass es in diesem Jahr noch schöner wird“, erinnerte ich mich mit Freude. „Die Gäste waren alle elegant angezogen, auch meine Eltern und ich. Die Frauen trugen Samt- oder Seidenkleider in Schwarz oder Dunkelblau. Mutter findet, dass Abendgarderobe in dunklen Farben sehr elegant ist. Auch Schmuck dazu sieht edel aus, auch wenn es nicht unbedingt Gold sein muss, meint Mutter. An diesem Abend versucht jede Frau zu glänzen und freut sich, wenn ihr die Männer Komplimente machen. Ich natürlich auch! Letztes Jahr hatte ich von den Eltern zu Weihnachten ein rosa Kleid mit kleinen gestickten Blüten geschenkt bekommen, das ich an Silvester tragen durfte. Tante Elvira gefiel mein Kleid sehr. Auch die anderen Frauen fanden, dass ich elegant war. Ich war sehr froh und stolz.“

„Wir werden auch schöne Tanzmusik haben“, kündigte Mircea an. Mircea brachte seine Musikanlage und seine Tonbänder mit; alle Freunde und meine Eltern konnten dann tanzen. Ich wurde auch zum Tanzen eingeladen. Ich war das einzige Kind, das anwesend sein durfte. Die anderen Freunde brachten ihre Kinder nicht mit, sie waren noch viel kleiner als ich. Sie blieben mit den Omas oder Tanten zuhause. Diesmal durfte ich bis Mitternacht wach bleiben und auf das neue Jahr mit allen Anwesenden anstoßen, danach musste ich zu Bett gehen. Das machte mir aber gar nichts aus, da die Erwachsenen dann nicht mehr tanzten, sondern nur Rommé spielten oder Binokle. Das waren Kartenspiele, die ich nicht kannte; und zu meinem Bedauern nahm sich niemand die

Zeit, sie mir zu erklären. Mein Vater meinte, dass es für mich wichtiger sei zu lernen, was in der Schule vorgegeben wurde. Das sollte mir reichen. Ich stimmte ihm zu und ging glücklich schlafen, mit den Gedanken: „Wir haben gut gegessen, und morgen kann ich in der Küche nachschauen, was noch übrig geblieben ist. Dann bekomme ich noch eine große Portion. Gute Nacht!"

## Pioniere

Sandu war der hübscheste Junge in der Klasse. Er war groß, hatte aschblonde Haare und smaragdgrüne Augen. Seine Iris strahlte mit kleinen dunkelgrünen Sternchen, die nicht jeder sehen konnte und nur die, die ihn besonders mochten; und er trug sogar die schönste Pionier-Krawatte. Die war aus hellroter Seide und fühlte sich am Hals sehr weich an. Für einen kurzen Augenblick durfte auch ich sie tragen. Sandus Vater hatte ihm die Krawatte aus der Sowjetunion mitgebracht und für die Kinder war sie viel schöner als die rumänische Pionier-Krawatte. Deshalb wollte auch ich so eine haben und fragte Sandu, ob er bereit wäre, seine mit meiner auszutauschen. Sandu war sofort einverstanden, bat aber im Gegenzug um Hilfe bei der Mathematikaufgabe. So wurde der Tausch besiegelt.

In der Grundschule wurde uns Kindern wiederholt erklärt, dass in der Welt alles in Ordnung sei. Nach den vielen Kriegen herrschte überall jetzt der Frieden. Es wurde uns auch gesagt, dass wir zu den privilegierten Kindern gehörten, weil wir die Ehre hätten, Pioniere zu sein. Pioniere trugen als Zeichen der Zugehörigkeit eine rote dreieckige Krawatte. Die Schuluniform für die Mädchen bestand aus einer weißen Bluse und einem dunkelblauen plissierten Rock. Ich war gerade neun Jahre alt geworden. Frau Neder, die Lehrerin betonte wiederholt, dass meine Eltern neben anderen Werten, wie Disziplin und Ordnung, mir auch Hilfsbereitschaft beigebracht hätten. All das wurde auch in ihrer Familie als selbstverständlich angesehen.

Viele Kinder wurden als Pioniere ausgezeichnet. Zunächst nur die Besten im Unterricht, danach auch die anderen. Die Auszeichnung fand in der Schule in einem festlichen Rahmen statt. Es wurde mehrfach betont, welche große Ehre es sei, zu dieser kommunistischen Einheit zu gehören. Dies sei eine besondere Verpflichtung und Herausforderung für die Kinder. Im Unterricht wurde wiederholt darauf hingewiesen, dass diese Kindergeneration die Chance hätte, in einer Welt ohne Kriege zu leben, in einer Welt ohne Unruhen, in einer besseren Welt. Wir lernten auch, dass das Land, in dem wir zur Welt kamen, vom rumänischen Volk im Laufe der Geschichte häufig verteidigt werden musste. Obwohl das Land nicht sehr groß war, waren seine Menschen mutig und aufopferungsbereit und gehörten zu den Siegern. Ich lernte gerne und es fiel mir leicht, zu den besten in meiner Klasse zu gehören. Meine Eltern waren stolz auf mich. Jakob, mein Vater wurde als Elternrats-Vorsitzender meiner Klasse gewählt und blieb bis zu meinem Abitur dabei. Es lag ihm besonders am Herzen, andere Eltern und deren Kinder beim Lösen von Problemen zu unterstützen. Er sammelte Geld und machte Hausbesuche bei den Familien, die Hilfe benötigten. Ich war stolz auf meinen Vater, er suchte neben seiner Arbeit im Ministerium nach guten Lösungen für das Leben der anderen, was in meinen Augen sehr human und altruistisch war.

In der freien Zeit, meistens abends im Frühjahr oder Sommer und an Wochenenden, machten wir lange Spaziergänge auf dem Boulevard Dorobanţi in Richtung Park Herăstrău. An der Chaussee schmückten Lindenbäume den Weg. Ihr Duft war insbesondere nach dem Regen betörend. In den kommenden Sommerferien, die drei Monate lang dauern, wollte ich wieder zu den Großeltern nach Suczawa fahren. Im großen Garten bei Omika durfte ich zu meiner Freude Äpfel und Birnen sammeln und die dafür bereitstehenden Körbe füllen. Die Früchte lasteten schwer auf den Zweigen und Ästen der Obstbäume, befreiten sich durch ihre Reife und lagen nunmehr auf der Erde. Im großen Garten gab es immer etwas zu tun. Manchmal half ich Tante Gisella, wenn sie für den Naturkundeunterricht Material suchte, Hefte mit neuen Pflanzen füllte oder Käfer und Schmetterlinge zeichnete. Tante Valerie kümmerte sich um die Himbeeren, Brombeeren und Erdbeeren oder um die Tomaten, die in Reihen im Garten wuchsen. Sie mussten gepflegt, zurückgeschnitten oder einfach nur gepflückt werden. Auch hier war ich gerne dabei. Abend für Abend saßen wir alle froh zusammen auf der Bank unter dem Birnbaum. Träumend ließ ich die Beine baumeln.

Einmal in der Woche liefen wir Kinder den Weg hinunter zum Fluss Suczawa, um dort am Ufer auf den kleinen Steinen in der Sonne zu liegen oder zu baden. Das Wasser floss sehr schnell und bildete an verschiedenen Stellen grausilberne Wirbel. Man musste gut aufpassen, um nicht vom Fluss mitgezogen zu werden. Es wurde erzählt, dass hier schon einmal jemand ertrunken sei. Aus Angst hielten wir uns im Wasser an den Händen; wir bildeten Ketten, um uns mit mehr Kraft gegen die Strömung zu stemmen. Der Spaß war riesengroß und wir lachten bis in den Himmel und tobten uns aus. „Die Welt gehört uns und wir schauen voller Zuversicht in die Zukunft. Wir sind die Sonnenkinder," dachte ich jedes Mal, wenn wir froh waren. Gerne kletterten wir bis in die Kronen der Apfel- und Birnbäume. Wir wollten das Obst durch Rütteln an den Ästen herunterschütteln. Dabei versuchten wir, so leise wie möglich zu sein, damit niemand von den Erwachsenen im Haus etwas bemerkte. Wenn unser Kichern doch laut wurde, war auch der Ärger vorprogrammiert!

Zu den Großeltern väterlicherseits ging ich auch gerne, aber nicht so häufig. Vielleicht erschien mir der Weg etwas lang; vielleicht war dort nicht so viel Aufregendes zu finden. Der Hof war winzig, die Räumlichkeiten waren sehr bescheiden. So wollte ich meistens weiterziehen. Meine Oma, Mamamare von den Enkelkindern gerufen, kochte mit Leidenschaft Eintöpfe, die so verlockend dufteten, dass die Nachbarin, die Frau des Colonels, gegen Mittag am Zaun stand und fragte:

„Was haben Sie, Frau Nachbarin, heute Gutes gekocht? Es riecht so einladend." Meistens wurde sie dann hereingebeten, um mit uns zusammen zu essen. Das fand ich ganz aufregend, weil sie der Mamamare so viele Neuigkeiten erzählte und ich alles mithören durfte. Mein Opa, ich rief ihn Opapa, schenkte mir jedes Mal zwei, drei Lei, um Schmalzkuchen oder eine Brezel auf dem Markt zu kaufen.

Ich liebte es, auf Märkte zu gehen, schon seit ich noch ein kleines Mädchen war. Der Suczawer Markt war ein großer Markt, mit eigenem Charme. Wenn ich die Großeltern väterlicherseits besuchte, bat ich häufig darum, zum Markt gehen zu dürfen, um von Opapa die Belohnung für allerlei Hilfe zu bekommen. Bei der kleinen Bäckerei am Markt konnte ich damit Schmalzkuchen kaufen. Es war für mich ein großer Genuss, den süßen Duft des Teigs zu genießen und diese Köstlichkeit im Mund zerschmelzen zu lassen. Es wurde auch in späteren Jahren für mich zur Gewohnheit, für meine Großeltern Einkäufe auf dem Markt zu erledigen und Schmalzkuchen als Belohnung zu essen. Dieser Geschmack war einfach einmalig. Bis heute hatte ich nirgendwo einen so guten Schmalzkuchen gegessen. Auch meine Mutter und meine Tante Lala nahmen mich häufig beim Einkaufen mit. Es war für mich selbstverständlich, dass ich die Tanten oder die Mutter dabei begleitete; Tante Lala meinte: „Jeder Markt hat seinen eigenen Charme."

Der Bukarester Markt lag in unserem Viertel in der Nähe unseres Hauses, sodass ich als Schülerin auch alleine hingehen konnte, um das eine oder das andere zu besorgen. Dieser Markt war nicht so groß wie andere Märkte, die ich im Laufe der Jahre besuchte. Es war ein Wochenmarkt; die Bauern kamen jeden Donnerstag aus den nahe liegenden Dörfern. Sie brachten Milchprodukte, wie Frischkäse, Ziegen- und Schafskäse mit, frisches Fleisch von Schweinen oder Geflügel, Gemüse je nach Jahreszeit und Obst, insbesondere Äpfel, Birnen,

Aprikosen und Kirschen. Manchmal gab es auch Wassermelonen und Nüsse. In große Tiegel und Fässer eingelegte Gurken und saures Kraut waren zu finden. Wenn es mir erlaubt war, alleine einkaufen zu gehen, lief ich immer zuerst zu den Fässern mit den eingelegten sauren Gurken und bat darum, eine oder zwei Gurken kosten zu dürfen. Ich mochte diesen Geschmack sehr und suchte wiederholt nach einem Grund, um am Donnerstag auf den Markt zu kommen. Frischkäse aus Kuhmilch wurde von meiner Mutter nie auf dem Markt gekauft. Sie favorisierte die direkte Lieferung ins Haus. Einmal in der Woche kam eine Frau mit dem Namen Fulga zu uns. Sie trug ein Trachtenkleid aus der Gegend; ein schönes rotes Tuch deckte ihre langen Haare. Sie war jung und fröhlich und trug einen großen Korb bei sich, bedeckt mit einem weißen Geschirrtuch. Vorsichtig holte sie ein Stück Frischkäse hervor, liebevoll in weißes dünnes Pergamentpapier eingepackt, sowie ein Stück frische Butter, dekoriert auf einem grünen Blatt aus dem eigenem Garten, und verkaufte die Ware meiner Mutter und unseren Nachbarn. Diesen wunderbar süßsäuerlichen Geschmack kennen wir heute von Schichtkäse aus dem Bioladen.

Jetzt war der Herbst mit seinen bunten Farben eingezogen. Rostbraun oder rot leuchteten manche Blätter, und die Baumstämme erstrahlten voller Eleganz in der milden Sonne. Ich lief und versuchte dabei, das Laub zum Rascheln zu bringen. Meine Gedanken wanderten bis ans Meer. Zum ersten Mal hatte ich mich verliebt. Es war ein elfjähriger blonder Junge,

Sorin, aus meiner Straße in Bukarest. Während der Schulzeit war er sehr aufmerksam, brachte mir Bonbons mit und gab mir einen Kuss. Aus der Schüler-Kolonie im Sommer schickte er mir sogar einen „Liebesbrief", wie mein Vater es nannte. Darin stand: „Ich liebe Dich, ich begehre Dich, ich will Dich." Als mein Vater diesen Brief las, fand er das nicht sehr lustig. Irritiert fragte er mich, ob ich die wahre Bedeutung dieser Worte kenne? Meine Mutter, die unsere Unterhaltung mitbekam und die Realität gut einschätzen konnte, lachte und sagte: „Lass das Kind in Ruhe! Siehst du nicht, dass alles harmlos ist?" Das genügte, um ihren Mann zu beruhigen.

Während der Schulzeit träumte ich vorwiegend vom klassischen Ballett, von dem Tanz auf der Bühne. Ich ging regelmäßig dreimal in der Woche zum Ballettunterricht. Manchmal trainierte ich während der Woche auch Schwimmen in einem Sportverein. Mein Team nahm an Wettbewerben teil und erhielt sogar eine Medaille, für den zweiten Platz. Ich selbst schaffte es beim Brustschwimmen auf den ersten Platz zu kommen. Dann durfte ich am Hals eine rote Schnur mit einer großen Medaille tragen, ich war stolz und fühlte mich großartig.

***

Die Erinnerung an die Marktbesuche, insbesondere in Suczawa, bewegen Emilies Herz. Heute weiß Emilie auch, dass ihre Mutter damals recht hatte, wenn sie sagte: „Das Wichtigste im Leben ist die wahre Liebe zu erfahren und sie mit anderem zu teilen. Das ist was im Leben zählt! Preise bei Wettbewerben zu gewinnen, oder nach Reichtum zu streben, diese Ambitionen sind weniger wichtig.“

## Die Zugreise

Die Sommerferien waren da. Frühmorgens am Hauptbahnhof Bukarest-Nord angekommen, begleiteten die Eltern mich zum Zug, der nach Suczawa fahren sollte. Es war die erste Reise, die ich ohne meine Eltern unternehmen durfte. Mit zwölfeinhalb Jahren war ich dafür ausreichend alt. Der Bahnhof war voller Menschen, die es eilig hatten, zu ihren Zügen zu kommen. Körbe, Säcke, kleine und große Taschen, riesige Koffer standen und lagen im Weg und erschwerten das Durchkommen. Immer wieder hörte ich rufen: „Machen Sie Platz!“ Ein Zug mit acht grünen Waggons und einer Dampflokomotive wartete auf mich. Nach der kurzen Verabschiedung an der Wagentür betrat ich das mittlere Abteil des vorletzten Wagens. Ein Mann Mitte Vierzig, mit weißer Weste, begrüßte mich höflich.

„Wo soll es hingehen, kleines Fräulein?“ Schneller als ich antworten konnte, schwang er meinen großen Koffer durch die Luft und legte ihn auf das Netz über meinem Sitzplatz. Erfreut und zugleich dankbar antwortete ich:

„Nach Suczawa, zu meinen Großeltern; sie warten jeden Sommer auf mich.“ Der Mann lächelte, holte eine Zeitung aus der Aktentasche und setzte sich auf seinen Platz. Ich ging zum Fenster, schaute ungeduldig und wartete, dass der Schaffner das Signal zum Losfahren gäbe. Vor dem Fenster standen meine Eltern und winkten. Daneben bemerkte ich noch viele Fahrgäste, die sich an die Türen drängten, um einzusteigen; einige hatten ihre Koffer mithilfe anderer Reisender durch die offenen Fenster der Wagen gereicht, um dann an den vollen Türen das Einsteigen zu versuchen. Draußen war es laut. Geschrei, Geplärre, kleine Kinder, die mitten im Chaos nicht zurechtkamen.

Aus dem Schornstein der Lokomotive quoll weißer, dicker Rauch. Endlich hörte ich die laute Stimme des Schaffners: „Einsteigen bitte, der Zug fährt gleich los!" Danach folgte ein kurzes Pfeifen. Die Trillerpfeife gab dem Lokführer das Signal für die Abfahrt. Der Zug setzte sich in Bewegung. Zunächst langsam. Die Waggons ächzten und knarrten, und ein Summton wurde immer höher, je schneller sich der Zug bewegte. Tsch...tschu..., tschu, tschu, tschu. Das Zischen wechselte ab mit langen Pausen und mit dem Knarren der Waggons, wenn der Zug über eine Weiche fuhr. Dann quietschten die Räder. Das Knirschen und Knarren der Waggons war mittlerweile regelmäßig zu hören. Die Fahrt wurde allmählich von zwei Geräuschen begleitet: Vom regelmäßigen Stampfen der Räder und vom Zischen der Lokomotive. Im Laufe der Zeit bildeten sie eine eintönige Melodie. Zufrieden saßen die Reisenden im Abteil. Es schien, als hörten sie die Zugmelodie gar nicht.

Die vier Mitreisenden in meinen Abteil kamen schnell ins Gespräch. Ich lauschte unauffällig und beobachtete sie.

Der Major in seiner prachtvollen Armeeuniform erzählte, dass er aus Piatra-Neamţ stammte und mit seinem Regiment seit einigen Jahren in Bukarest stationiert war. Er sei jetzt auf dem Weg, seine Mutter zu besuchen. Der jung aussehende Mann mit der weißen Weste, der mir mit dem Koffer behilflich war, stellte sich als Versicherungsvertreter vor. Einmal die Woche, erzählte er, sei er verpflichtet, quer durch das ganze Land zu reisen, um seine „Produkte", wie er sie nannte, unter die Leute zu bringen. Dann fügte er noch einige Details hinzu, die ich aber nicht verstand. Er sei ledig, ergänzte er lächelnd mit lauter Stimme. Zuhause würde keiner auf ihn warten oder ihn vermissen.

Die elegante Frau, die mir gegenüber saß, war eine bekannte Schauspielerin, Tamara B. Sie stammte aus einem Dorf in der Nähe von Suczawa. Sie hatte es geschafft, berühmt zu werden. Heute spielte sie auf den großen Theaterbühnen, auch in Bukarest. Ich erinnerte mich, als ich einmal mit meinen Eltern im Nationaltheater war, sah ich sie in einer Komödie. Ich könnte das gleich bestätigen, wenn es jemand anzweifeln würde.

Direkt neben mir saß eine alte Dame mit einem weißen Pudel. Sie sprach leise. Als ich versuchte, den Hund zu streicheln, leckte er meine Hand, vermutlich aus Freude. Die Dame drehte sich zu mir um und sagte mit warmer Stimme:

„Lucy freut sich, wenn ihr jemand Zuneigung schenkt." Sie zeigte auf den Pudel und murmelte: „Nicht wahr Lucy, du bist jetzt ganz fidel!" Danach richtete sie sich an mich:

„Wohin fährst du? Hast du einen langen Weg vor dir?" Froh über ihre Fragen, fing ich an zu erzählen.

„Mein Name ist Emilie, ich bin Schülerin eines Gymnasiums in Bukarest und fahre jeden Sommer zu den Großeltern, Tanten, Onkeln und Cousinen nach Suczawa. Viele liebe Menschen warten dort auf mich“, ergänzte ich und unterstrich voller Stolz, dass ich diesmal ganz alleine verreisen durfte. Die alte Dame schien Interesse für mich zu haben und stellte sich vor.

„Ich heiße Laura und fahre bis Bakau. Erzähl, was machst du außerhalb des Schulunterrichts? Hast du Hobbies?“ Motiviert von den Fragen fing ich an wie ein Wasserfall zu erzählen:

„Einmal pro Woche nehme ich Klavierunterricht bei Frau Melina. Sie stammt aus Armenien und ist sehr elegant. Sie spielt die Mondscheinsonate mit geschlossenen Augen. Wir Schüler sind von ihr verzaubert und träumen davon, eines Tages so zu spielen wie sie. Am liebsten gehe ich dreimal die Woche zum Ballettunterricht, zum Studio von Maestra Penescu-Liciu.“ Ich wollte gerade noch einiges erläutern, da sagte Laura rasch:

„Ich kenne Elena persönlich.“ Sie atmete tief ein und erzählte. „Wir haben gemeinsam die Ballettakademie besucht. Wir sind beide ausgebildete Ballett-Tänzerinnen. Elena hat mehr Glück als ich gehabt. Sie ist sogar Primaballerina geworden. Ich stattdessen..." Hier folgte eine lange Pause. „Ich hatte Pech", sagte Laura und redete sich ihren Kummer von der Seele.

„Als ich 19 Jahre alt war, durfte ich in „Schwanensee“ mittanzen; so viele Wünsche und Träume waren noch offen!“ Ich sah sie an. Ihre blauen Augen füllten sich mit Tränen. Sie sah müde aus.

„Meine Tanzkarriere ging zu Ende, bevor sie richtig angefangen hatte. Nach diesem schrecklichen Sturz hatten mir die Ärzte untersagt zu tanzen. Keine Spitzenschuhe mehr, keine regelmäßigen Übungen, kein Training, nichts! In dieser Zeit fehlte mir auch das Geld, um mir eine eigene Ballettklasse zu leisten, um Unterricht zu geben. Ich bekam Depressionen", erzählte Laura weiter. „Tagelang, wochenlang weinte ich. Nach vielen Monaten hatte ich verstanden, dass es kein Zurück mehr gab. Mit zwanzig musste ich etwas Neues beginnen. Aber was, was konnte meine Seele trösten?" Sie schaute zu mir herüber, als erwartete sie, dass ich die Antwort kenne. Verwirrt wie ich war, hörte ich mich ganz leise sagen:

„Und was haben Sie dann gemacht?" Laura blickte mir tief in die Augen, als wollte sie meine Gedanken festhalten, und sagte:

„Eine Lösung gibt es immer. Ich habe später ein Fotografie-Studium begonnen. Heute bin ich Kunstfotografin." Laura richtete sich auf ihrem Platz gerade auf. Ihre Augen wirkten nicht mehr traurig. Ich glaubte sogar, auf ihrem Gesicht ein wenig Licht zu erkennen.

Der Zug hielt kurz vor Bakau. Hier musste Laura mit dem Pudel aussteigen. Sie kritzelte schnell einige Worte auf einen Zettel. Vor dem Aussteigen drückte sie ihn mir in die Hand. Als sie draußen vor dem Fenster stand, rief sie mir zu:

„Besuch mich bald, ich warte auf dich. Dann zeige ich dir meine Welt, die Welt des Tanzens!" Ihre Stimme klang fröhlich und zuversichtlich. Der Zug setzte sich erneut in Bewegung. Laura verschwand in der Menge, und ich überlegte: „Wie sieht diese Welt von Laura aus, diese Welt des Tanzes? Ich werde sie auf jeden Fall besuchen!"

***

Emilie wird nachdenklich. Seit dieser Begegnung und ihrem Besuch bei Laura sind viele Jahre vergangen. Damals war sie Studentin im zweiten Jahr und entschied sich, nach Bakau zu fahren. Sie wünschte sich, Lauras „neue Tanzwelt“ kennenzulernen. Und sie wusste, dass auch sie viel aus ihrem eigenen Leben zu erzählen hatte. Als sie anrief, waren zehn Jahre vergangen. Emilie war sich nicht sicher, ob sich Laura überhaupt noch an sie erinnerte. Aber sie hatte Glück, Laura wusste gleich, wer am Apparat war. Beide freuten sich riesig. Bei ihr angekommen, durfte Emilie alle Fotos, die Laura von den Ballettvorstellungen aufgenommen und die Preise, die sie für ihre Ausstellungen erhalten hatte, bewundern. Sie war froh, mit Laura in deren Welt einzutauchen. Auch Emilie erzählte Laura von ihrem Schicksal - von dem Unfall, der ihren eigenen Tanztraum zerstört hatte. Und über ihre Entscheidung, Ingenieurin zu werden. Sie erzählte Laura auch, dass ihr Vater bei dieser Entscheidung eine wichtige Rolle gespielt hatte. Er hatte ihr die Besonderheiten und die Nachteile der Berufe einer Ballerina und einer Ingenieurin, die so extrem unterschiedlich waren, erklärt.

Laura und Emilie unterhielten sich hierüber den ganzen Abend und den nächsten Morgen. Emilie durfte bei Laura übernachten. Am nächsten Tag nahm Emilie gegen Mittag den Zug zurück nach Bukarest. Berührt von ihren ähnlichen Schicksalen versprachen sich die beiden Frauen, ihren gemeinsamen Kontakt aufrecht zu erhalten.

## Ausflug auf die Tâmpa

Es war Sommer, und ich wollte für eine Woche nach Kronstadt (rumänisch Braşov) in die Ferien fahren. Ich freute mich auf die Zugreise, bei der ich die hügelige Landschaft mit den hohen, verschneiten Bergspitzen durch das Abteilfenster sehen konnte. Kronstadt liegt etwa zwei Stunden von Bukarest entfernt in der Region Siebenbürgen und ist von den Karpaten-Bergen umgeben. Die Gedanken, meine Cousins Tibor und Peter wiederzusehen, erfreuten mein Herz. Tibor, die Tante rief ihn Tibi, war auch ein Brahms wie meine Mutter; sein Vater war ein Cousin väterlicherseits. Sein Großvater Erik war der Bruder von Wolf, mein Großvater mütterlicherseits. Beide waren leider schon verstorben. In Kronstadt heiratete Erik Ida, eine lebhafte und fleißige Ungarin, die er bei einem Besuch im Kurort Ghimeş-Palanka kennengelernt hatte. Er fand in Ida eine elegante und intelligente Frau, die auch sehr gut kochen konnte. Das erzählte den Kindern ihr Sohn Herbert, der Vater von Tibi. Tante Ida war jetzt eine ältere Dame, und sie konnte wirklich sehr gut kochen, sie bereitete den besten Bierkäse in ganz Kronstadt. Er war scharf gewürzt, und Onkel Herbert, ein Mittfünfziger mit graumelierten feinen Haaren und braunen Augen, musste viel Bier dazu trinken. Die Kinder tranken Wasser dazu. Mit jedem weiteren Glas Bier stieg die Stimmung und der Onkel wurde immer geselliger. Wir saßen am Tisch zusammen, es gab Gulaschsuppe, die sehr würzig duftete und schmeckte. Danach gab es Piroggen mit Fleisch. Die Atmosphäre bei Tisch war heiter, wir waren alle fröhlich, da unser Gaumen mit so vielen Gängen verwöhnt wurde. Zum Abschluss servierte die Tante noch Eis mit Kirschkonfitüre.

Bei schönem Wetter unternahmen wir eine Wanderung auf die Tâmpa, einen Berg in den Karpaten, der fast tausend Meter hoch war. Tante Ernas Haus lag nicht weit entfernt von dem Weg zur Tâmpa. Sie unternahm häufig Wanderungen und kannte die Berge sehr gut. Daher organisierte sie Ausflüge, die immer ähnlich abliefen: Nach dem Frühstück frühmorgens kurz nach sechs reichte uns Tante Schari, die Frau von Onkel Herbert, eingepackte Brote, Äpfel und Flaschen mit Wasser, die in den Ausflugstaschen landeten. Onkel Herbert trug einen größeren Rucksack mit Kleidung gegen Regenwetter, einer mittelgroßen Taschenlampe, einem kleinen Kocher, verschiedenen Werkzeugen und Pflastern, falls einer von den Kindern stürzen und sich verletzen sollte. Tibi und ich trugen jeder für sich eine kleine Tasche mit eigenem Proviant. Jeder von uns hatte auch eine kleine Taschenlampe dabei. Onkel Herbert, Tibi und ich machten uns auf den Weg zu Tante Erna, der Frau des verstorbenen Onkels Filiu, und zu Peter, ihrem Enkel, mein anderen Cousin. Tante Schari und Tante Ida blieben lieber zuhause, sie mochten keine Ausflüge, stattdessen kochten sie sehr gerne. Das gefiel Tante Ida, und Schari wollte ihrer Schwiegermutter möglichst alle Wünsche erfüllen, um Herbert ein ruhiges Zuhause zu sichern. Sie wohnten ja alle zusammen, drei Generationen. Das war nicht leicht, meinte meine Mutter, da die alte Tante Ida das Sagen im Haus hatte. Sie führte das Haus wie ein Regiment, also ziemlich streng, obwohl sie weit über achtzig war.

Wir liefen die Straße hinunter, es ging bergab; in flottem Tempo durchquerten wir das Zentrum der Stadt, liefen an der Schwarzen Kirche (rumänisch Biserica Neagră) vorbei, die durch ihre Orgelkonzerte berühmt ist, und über den Markt ans andere Ende der Stadt, um Tante Erna und Peter abzuholen. Die zwei standen schon in Wanderschuhen, Anorak und kurzen Hosen vor dem Haus. Onkel Herbert, Tibi und ich waren ähnlich gekleidet, wir waren alle sportlich angezogen und hatten sogar Wanderstöcke dabei. Tante Erna, Peter und Onkel Herbert trugen grüne Filzhüte mit Feder. Tibi und ich bedeckten unsere Köpfe mit Caps. Ich liebte es, auf Wanderung zu gehen. Hier in Kronstadt hatten wir diese Möglichkeit immer wieder. Auch die Orgelkonzerte in der Schwarzen Kirche gehörten zu den schönsten Erlebnissen in den Ferien. Wir besuchten sie alle gemeinsam.

Auf diesen Ausflügen war Tante Erna die Anführerin. Sie lief immer voraus, obwohl sie die Älteste in der Gruppe war, sie musste um die siebzig sein. Peter war mit acht Jahren der Jüngste, Tibi war zehn und ich war gerade elf geworden. Peter sah mit seinem Hut, seiner kurzen Trachtenhose und den weißen Kniestrümpfen wie ein Tiroler aus; er war sehr zierlich und seine Haut war wie Porzellan. Dagegen war Tibi ein stämmiger Junge, der sich leicht durchsetzen konnte.

Er hatte eine schelmische Art, wirkte aber gleichzeitig erwachsen, so dass sein Vater Herbert ihn auch wie einen Erwachsenen behandelte. Das imponierte mir sehr.

Tante Erna kannte sämtliche Wege auf Tâmpa und brauchte somit keine Wanderkarte. Dennoch hatte sie eine dabei, denn sie war pflichtbewusst und übernahm Verantwortung für uns alle. Erna war geübt, sie unternahm häufig Bergtouren mit Peter und Annie, ihrer Tochter. Etwa zwei bis drei Stunden liefen wir nur bergauf. Wenn wir stehen blieben, durften wir nicht zurückschauen, sagte Tante Erna, denn dann würde man schneller müde werden. Also blieb unser Blick immer nach vorne gerichtet. Der Weg führte uns durch lichte Wälder, die Sonne schien durch die hohen Tannen, Fichten und Kiefern. Vögel begleiteten uns mit verschiedenen Trillern, und auch Tante Erna pfiff ein Liedchen. Sie wurde nie müde, jedenfalls klagte sie nie, sie war gut zu Fuß. Nach etwa zwei Stunden legten wir eine Pause ein. Auf einer kleinen Wiese breiteten wir eine Decke auf das noch feuchte Gras aus, nachts hatte es sehr viel geregnet, und holten unsere Jause aus den Taschen. Dann saßen wir alle gemütlich zusammen und aßen. Onkel Herbert erzählte von Ausflügen, auf denen er früher, als er noch jung war, Freunde begleitet hatte.

Die Stimmung war heiter und wir waren bereit, den Weg fortzusetzen. Tâmpa war ein beliebtes Wanderziel. Immer wieder trafen wir andere Wanderer, ältere Menschen oder Familien mit Kindern, die uns entgegen kamen. Manchmal waren es auch nur einzelne Spaziergänger, alle mit einem Wanderstock ausgerüstet. Sie grüßten uns höflich, einer fragte nach dem Weg, und Tante Erna oder Onkel Herbert waren sofort behilflich und erklärten ihn ausführlich. Niemand durfte den falschen Weg gehen. In den Wäldern lebten auch Bären, die wir nicht unbedingt treffen mochten. Die Bären kamen manchmal sogar bis an die Stadtgrenze, um in Mülleimern nach Essen zu suchen. Es gab zwar Schilder, die die Wege anzeigten; trotzdem konnte es für unerfahrene Wanderer schwierig werden. Als wir den Gipfel erreichten, hatten wir eine wunderschöne Aussicht über die ganze Stadt und über die bergige Landschaft. Wir sahen Schneegirlanden, die die benachbarten Felsen schmückten, wir genossen die kühle saubere Luft, die Sonne strahlte mitten am Himmel, es war Mittagszeit, und wir waren tatsächlich ganz oben. Tante Erna rief uns zu:

„Kinder, was für ein Gefühl von Freiheit und Glück!“ Wir blickten zur Tante hinüber, und ohne es richtig zu verstehen, nickten wir ihr froh zu. Anschließend kehrten wir in einer kleinen Hütte ein. Der Wirt brachte uns Wiener Schnitzel mit Pommes frites. Was für ein Traum für uns Kinder, unser Lieblingsessen! Anschließend wollten wir am liebsten mit vollem Bauch faulenzen. Das kam aber nicht in Frage. Wir hatten schließlich noch den Rückweg vor uns. Zwar führte dieser jetzt bergab, aber wir mussten noch lange laufen, bis auf die andere Seite des Berges und der Stadt. Also blieben wir nur etwa eine Stunde auf dem Gipfel und in der Hütte, um uns auszuruhen. Dort entdeckten wir auch ein Souvenirlädchen mit schönen Nadeln und Ansteckern für die Hüte, allerlei Stöcken und speziellen Stockaufklebern. Der Onkel kaufte uns Kindern einige davon und wir ließen uns damit vom Onkel fotografieren. Tante Erna hob ihren Wanderstock und gab das Zeichen, dass wir unsere Tour fortsetzen müssten. Nach einiger Zeit merkten wir, dass die Entscheidung richtig gewesen war, den Rückweg einzuschlagen. Der Himmel wurde schnell grau, die Sonne versteckte sich hinter großen bedrohlichen Wolken, die immer dunkler wurden. Bald hörten wir drohendes Grollen und beobachteten wie der Himmel rot aufleuchtete und manchmal weiß-silberne Streifen über den Horizont flitzten. Onkel Herbert ermunterte uns weiterzulaufen und beruhigte uns:

„Ihr müsst keine Angst haben, das Gewitter zieht in die Gegenrichtung und wir laufen flott weiter." Wie aus einer Brause fielen erste Wassertropfen auf uns nieder. „Wir würden klatschnass werden, hätten wir nicht unsere Regenanzüge dabei", überlegte ich. Allerdings war die Sturzgefahr jetzt größer, da der Weg sehr matschig und rutschig wurde. Ich wollte die anderen warnen und rief: „Vorsicht, es ist rutschig!" Da stürzte ich auch schon selbst hin und sauste wie ein Schlitten in hoher Geschwindigkeit den anderen voraus. Alle lachten, auch ich. Dann stand ich schnell wieder auf und ging weiter. Es hatte mir fast nicht wehgetan, jedenfalls wollte ich das in keinem Fall zugeben. Wir liefen weiter. Am Abend erreichten wir das Haus von Tante Erna, froh und, wie Sieger, dass wir es geschafft haben. Tante Erna kochte für alle einen Tee; dazu bekam jeder noch ein Stück Käsekuchen mit Rosinen. Aufgewärmt und zufrieden verabschiedeten wir, Herbert, Tibi und ich, uns von Peter und der Gastgeberin und kehrten zu Ida und Schari zurück. Müde und vergnügt gingen wir alle schlafen. Im Bett dachte ich nochmals über das Erlebte nach und sagte laut: „Ich bin sehr froh, hier zu sein. Gute Nacht."

# Murli, mein fremder Bruder

Es war mein schönster Sommer, der Sommer mit Murli, meinem fremden Bruder. Soweit ich mich erinnern kann, waren die Tage davor oder danach nie von einer solchen Wärme erfüllt; auch der Glanz der Sonne, das Grün der Blätter, diese Frische und der Duft des Regens waren anders, die Blumen kannten ein nicht bekanntes Lächeln. Es war ein magischer Sommer, geheimnisvoll und voller Überraschungen. Ich war noch nicht eingeschult, da ich noch zu jung war, um im gleichen Herbst noch die Schule zu besuchen. Trotzdem war ich, nach allem was mir heute erzählt wird, ein aufgewecktes Kind, ein Einzelkind, um das sich alle im Haus um die Wette kümmerten. Die Anwesenheit der Erwachsenen, die mich in der meisten Zeit begleiteten, führte dazu, dass ich schon mit sechs Jahren lesen, schreiben und ein wenig rechnen konnte, obwohl ich erst viel später, mit siebeneinhalb in die erste Klasse kam.

In diesem Sommer mit einem blauen Himmel, den nur Reisende aus fremden Ländern am Mittelmeer aufmerksam beobachten, mit süßen Jasmin-Düften, die leicht durch die Luft schweben, mit sternenklaren Nachthimmeln, bedeckt mit tausenden von Galaxien, kam Murli zum ersten Mal ins Haus meiner Großmutter. Im Grunde brachte ihn Moş Gheorghe zu uns, der alte Mann, der einmal in der Woche im Haus meiner Großmutter Tina, unserer Omika, eine warme Mahlzeit bekam, um danach auf dem Dachboden unseres Hauses in Suczawa nach brauchbaren Sachen, Gegenständen, Kleidern oder Werkzeugen zu suchen. Er durfte alles mitnehmen, was ihm nützlich erschien, so erlaubte es meine Großmutter. Nachdem er seine Wahl getroffen hatte, bekam er noch einige Buchteln mit süßem Käse gefüllt, eine Flasche Schnaps und ein wenig Bares mit auf den Weg.

Es war ein Freitag, kurz nach dem Mittag. Tante Gisella, die ältere Schwester meines Onkels Noldi, traf zusammen mit ihrer jüngeren Schwester Valerie Vorbereitungen für den bevorstehenden Feiertag „Mariä Himmelfahrt". Die Tanten waren sehr fromm und dies war, neben den vielen Köstlichkeiten, die zum Essen angeboten waren, ein zusätzlicher Grund, weshalb der Pfarrer Proschinger uns so gerne an diesem Tag besuchte. Er war ein sehr geschätzter Gast, der Herr Hochwürden. Er war dann immer zum Essen eingeladen.

Moş Gheorghe, den wir sonst nur mittwochs sahen, so war es mit Omika vereinbart, kam an diesem Freitag unerwartet zu uns. Der alte Mann kam also an diesem besonderen Freitag in Begleitung eines Jungen, den er fest an seiner rechten Hand führte. In seiner Linken trug er wie sonst auch, seinen großen braunen Leinensack, voll mit den eingesammelten Sachen. Wir saßen noch alle am breiten Tisch im Esszimmer und hörten das leichte Quietschen des Tors, das den Gast anmeldete. Tante Gisella eilte als Erste mit raschen Schritten zur Veranda und begrüßte Moş Gheorghe. Meine Großmutter folgte ihr und als sie den kleinen Jungen neben dem alten Mann entdeckte, sagte sie in ihrer direkten Art:

„Moş Gheorghe, wen haben Sie uns denn heute mitgebracht? Was ist der Anlass für Ihren Besuch?“

„Küss die Hand, gnädige Frau, das ist Murli, er ist sieben Jahre alt und mutterseelenalleine. Ich dachte mir, am besten bringe ich den Jungen zu Ihnen. Sie sind doch eine so feine und gütige Dame mit viel Herz. So einen Menschen wie Sie es sind, findet man nicht alle Tage und überall“. Moş Gheorghe holte kurz Luft. Meine Großmutter, vermutlich verlegen, da sie derartige Schmeicheleien nicht gewöhnt war, antwortete nach kurzer Pause:

„Ach Moş Gheorghe, Sie schmeicheln mir, lassen Sie es und kommen Sie beide herein.“

„Mir ist aber niemand außer Ihnen eingefallen, gnädige Frau, bitte verzeihen Sie mir“, hörte ich Moş Gheorghe durch die Tür noch sagen. Danach lief ich zu meinem Platz am Tisch zurück. Ich zersprang fast vor Neugier, als sich endlich die Zimmertüre öffnete und die Gäste zusammen mit der Tante und der Großmutter das Esszimmer betraten. Omika legte noch zwei Bestecke auf, zwei Teller und zwei Tassen dazu und sprach mit versöhnter Stimme zu den Neuankömmlingen:

„Wir wollen zunächst alle zusammen etwas essen und frische Milch dazu trinken, nicht wahr?“ Sie lächelte Moş Gheorghe an und streichelte dabei leicht den Wuschelkopf des Jungen. Ich saß ruhig auf meinem Stuhl und beobachtete den Jungen, der jetzt mir gegenüber am Tisch saß. Ein glänzender, schwarzer Lockenkopf, mit seidigen Haaren, etwas länger als bei Buben üblich, fast so lang wie bei Mädchen im gleichen Alter.

Murli schaute mich mit seinen dunklen Kohleaugen an. Jedes Mal, wenn er auf seinen Teller schaute, bedeckten die langen, feinen Wimpern seine traurigen Augen. Trotz seiner sichtbaren Aufregung aß der Junge schnell alles, was Omika ihm auf den Teller gab. Er war offensichtlich wirklich hungrig. Seine kleinen zierlichen Hände waren nur unwesentlich größer als meine. Aus dem Gespräch der Erwachsenen verstand ich, dass Murli für eine Weile in unserem Haus bleiben solle, und zwar in der Souterrainwohnung, da wusste ich ganz genau: Von heute an werde ich endlich ein Spielkameraden, einen Freund, oder sogar einen Bruder haben!

Die Geschichte von Murli, mit seinem wahren Vornamen hieß er Nico, wurde mir viel später erzählt, nachdem er uns verlassen hatte und wir alle traurig darüber waren. Murli war meine Erfindung; ich dachte mir, das passt am besten zu ihm, so mein Gefühl damals und auch heute noch. Jedenfalls erfuhr ich, dass er Halbwaise war. Als er vier Jahre alt war, ertrank sein Vater in der Donau, als ihr Zirkus in der Nähe des Donaudeltas eine Vorstellung hatte. Niemand konnte sich erklären, wie das eigentlich passiert war. Es wurde erzählt, dass Toni, der Vater, eigentlich ein guter Schwimmer war, ein talentierter und furchtloser Akrobat, der einzigartige Sprünge in der Luft schaffte, die niemand kannte. Man munkelte, er hätte sich selbst umgebracht, er sei bewusst zu tief ins Wasser hineingegangen. Sein Körper wurde nie gefunden. Wohin die Donau ihn getrieben hat, habe niemand erfahren.

Eine traurige Geschichte. Und das schien nicht zu reichen, denn Murlis Schicksal wollte es, dass der Junge zusammen mit seiner Mutter drei Jahre nach dem Tod seines Vaters in einer fremden Stadt im Norden Rumäniens, in Suczawa landen sollte, um dort auf einer Parkbank von der Mutter verlassen, mit einem Brief bei sich, von Moş Gheorghe gefunden zu werden. In dem Brief appellierte die Mutter an den Finder, Mitgefühl zu zeigen und dem Jungen ein neues, anständiges Zuhause zu geben. Im Brief stand noch, der Junge sei sieben Jahre alt, gutmütig und sein Name wäre Nico. Und so verschlug das Schicksal Murli zu uns.

Von diesem Tag an beherbergte unser Haus einen weiteren Bewohner. Bis zur Klärung der Frage nach der Zukunft des gefundenen Kindes traf Omika die Entscheidung, den Jungen in die Obhut von Fräulein Liza zu geben. Selbstverständlich wollten alle im Haus sich in der Zwischenzeit um das Kind kümmern, trotzdem hielten sie es für ratsam, Murli im Souterrain bei der Grundschullehrerin und ehemaligen Referendarin Liza einzuquartieren. Nachdem man sie über die missliche Lage des Jungen in Kenntnis gesetzt hatte, war Liza durchaus einverstanden, sich an seiner Betreuung zu beteiligen und ihm das Gästezimmer zu überlassen.

Zu diesem Zweck veränderte sie einiges, um das Zimmer kindgerecht zu gestalten und gleichzeitig dem Raum eine fröhliche Atmosphäre zu verleihen. Dafür nutzte Liza ihre ganze Fantasie und ihre Handfertigkeit. Das Ergebnis war erstaunlich und begeisterte uns alle. Ich wollte gleich mit Murli das Zimmer tauschen, da dort so viel Neues zu entdecken war. Liza war unverheiratet, lebte alleine und zum Zeitpunkt des Geschehens hatte sie auch keine Liebschaft oder etwas Ernstes in Aussicht; sie selbst erzählte gerne Omika und Gisella über ihren Lebensstand. Lizas Hauptbeschäftigung außerhalb der Schule war das Vorbereiten von Texten für die Fünftklässler, mit deren Hilfe sie ihre Liebe zur Literatur schon in den jungen Jahren auf die Schüler zu übertragen versuchte. Sie liebte ihre Schüler, und die erwiderten ihre Gefühle. Es war nicht schwer Liza zu mögen, sagte Onkel Noldi: „Sie verfügt über ein heiteres Wesen, ist unkompliziert und eine ehrliche Haut." „Außerdem ist sie fleißig", behauptete meine Großmutter, und ergänzte, dass man sie vom Aussehen sogar als hübsch bezeichnen könnte: Trübgrüne Augen, hellbraune Haarfarbe, ergänzt von einigen blonden Strähnen, mittelgroß und schlank. Manchmal leistete Liza Aushilfe für ihre Kolleginnen und übernahm das Korrigieren von Klausuren für die zehnte Klasse. Das erzählte sie uns jedes Mal, wenn bei ihr bis spät in der Nacht das Licht noch brannte und sie darauf angesprochen wurde. Sonst, wenn sie freie Zeit hatte, übernahm sie im Garten von Omika die Pflege der Stachelbeerbüsche und Blaubeeren und half gerne Tante Valerie bei der Aufzucht der Tomaten. Das Haus beherbergte auf dieser Weise eine richtige Großfamilie.

Als Murli bei Liza in ihrer kleinen Wohnung das Gästezimmer beziehen durfte, empfand sie diese Änderung als eine Bereicherung; ein neuer Abschnitt in ihrem täglichen Leben war im Anbruch, obwohl auch ihr klar gewesen sein musste, dass das Kind nur vorübergehend bei ihr sein Zuhause hatte.

„Die Situation von Murli muss so bald wie möglich geklärt werden, bevor eine Anzeige bei den Behörden durch übereifrige Nachbarn erfolgt“, sagte mein Onkel Noldi.

„Die Situation des Findlings muss sauber mit den Ämtern verlaufen und nur zu seinem Wohl“, ergänzte resolut meine Großmutter. Keiner hätte sich erlaubt, Murli ohne Genehmigung und Behördenzustimmung bei sich auf Dauer zu beherbergen. Das Thema beschäftigte ohne Ausnahme alle im Haus, und so wurden auch meine Eltern darüber telefonisch informiert.

Auch meine Eltern erfuhren die Geschichte von Murli, das heißt nur den Teil, den Omika aus dem Brief kannte. Kurz danach setzten sie sich beide in den Zug nach Suczawa und kamen für ein paar Tage zu uns ins Haus der Großmutter zu Besuch, um den Jungen selbst zu sehen. Damals wusste ich noch nicht, dass meine Eltern sich mit dem Gedanken trugen, den Jungen, wenn möglich zu adoptieren. Es war die Zeit, wo es bei vielen Parteigenossen sogar Mode war, Waisenkinder zu adoptieren. Manche Genossen holten sogar Kinder aus Waisenheimen in der Sowjetunion und brachten sie zwecks Adoption nach Rumänien. Ich bin mir aber ganz sicher, dass meine Eltern diesem Trend nicht folgen wollten, sondern schlicht und allein dem Wunsch, mir einen Bruder zu schenken nachgeben wollten, ein Geschenk an uns alle, wie sie mir später erzählten. Mutter fragte mich sogar einmal:

„Was hältst du davon, einen Bruder zu bekommen? So in deinem Alter oder etwas jünger? Wir könnten ein Kind, einen Bub adoptieren, und du würdest einen Bruder bekommen, wenn auch du damit einverstanden wärest." Mutter erklärte mir, dass sie nach der schweren Operation bei meiner Geburt keine weiteren Kinder zu Welt bringen konnte. Ich sollte später, wenn meine Eltern nicht mehr da wären, nicht alleine ohne Geschwister auf der Welt bleiben. Das war ihre Motivation. Murlis Schicksal rührte das Herz meiner Eltern und als sie ihn zum ersten Mal sahen, waren sie von ihm sehr angetan; sie fanden, dass das Kind schüchtern sei, was vermutlich eine Folge seiner traurigen Situation wäre, meinte meine Mutter. Die Eltern entschieden sich, zur Klärung der offenen Fragen beizutragen und wollten im Herbst die zuständigen Ämter in Bukarest aufsuchen und das Nötige veranlassen, um Murlis Adoption auf den Weg zu bringen.

Wir befanden uns noch in den Sommerferien und für uns Kinder erreichte die Gelegenheit zum Baden im Fluss Suczawa ihren Höhepunkt. Also trafen wir uns für gewöhnlich in einer kleinen Gruppe von Sechs- bis Vierzehnjährigen, dazu gehörte selbstverständlich jetzt auch Murli, vor dem Haus des Richters, Nunucas Vater. Das hatten die größeren Kinder so festgelegt. Von dort machten wir uns gemeinsam auf den Weg zum Fluss im Tal. Am Anfang hatte Omika Einwände gegen diese Unternehmung, da sie befürchtete, uns könnte ohne Aufsicht etwas Schlimmes passieren. Zum Glück war Onkel Noldi anderer Meinung als Omika. Er überredete sie, mit den Worten:

„Ich fahre dort nach dem Mittag vorbei und setze mich

selbst ans Ufer in die Sonne. So kann ich die Kinder sehen, ohne ihnen ihre Freiheit und Selbstständigkeit zu nehmen. Sie sind doch alle so stolz, alleine zu gehen. Wir werden ihnen diese Freude lassen. Es stärkt ihren Charakter und ihr Selbstvertrauen. Wir werden sie dabei unterstützen."

Bei Iţkani ist das Tal der Suczawa breit und das Wasser fließt etwas langsamer, so der Augenschein. „Sie mündet 21 km südöstlich der Stadt Suczawa, nahe bei Liteni, in den Sereth", erklärte uns Onkel Noldi kurz bevor wir durch das Tor hinausgehen wollten.

Zwar war der Fußweg weit, aber wir liefen gerne, da er mit vielen Erlebnissen und Eindrücken verbunden war. Man stolperte wiederholt auf den neuentdeckten Wegen, man hielt sich bei Bauernhöfen auf, um zwei, drei Birnen oder Äpfel aus den Bäumen zu pflücken oder reifes Obst von der Erde aufzusammeln. Lachend und froh über diese Erfolge wanderte die Gruppe dann weiter. Sorin, der Älteste von uns, zählte nach jeder Unterbrechung sein Regiment, es sollte keiner verloren gehen. Die meisten waren Jungs, als Mädchen waren nur Christina und ich dabei. Nunuca durfte nie mit. Die Stelle, die wir zum Baden wählten, war voll mit kleinen und großen Steinen, und auch im Wasser spürte man unter den Füßen den steinigen Boden.

Jeder Tag in diesen Ferien war in seiner Art einmalig und unwiederholbar. Ein Ausflug zur Burg der Moldaufürsten, der lebhafte Besuch in der Mirăuţi-Kirche oder des Georgs-Klosters mit seinen Wandmalereien aus dem 16.Jahrhundert, die uns zum Staunen brachten oder der Weg zum Kloster Zamca, den wir mit der charakteristischen Begeisterung unserer jungen Jahre erleben durften, das alles gehörte zum Programm unserer Sommerbesuche. Die einfache und hügelige Landschaft, die Dorfgärten mit den feurigen Farben der hochgewachsenen Gladiolen, der blauen und lila Astern, der gelben und blutroten Pfingstrosen, der weißen Margeriten und der strahlenden Sonnenblumen, alle diese Bilder veranlassten Murli und mich, uns abends auf der alten Bank unter dem ewigen Birnbaum in Omikas Garten neue Geschichten auszudenken. Wir erzählten uns gegenseitig unsere Geheimnisse, unsere Träume oder saßen nebeneinander und schwiegen. Manchmal tanzte ich für Murli und er schlug mir zuliebe Räder durch die Luft. In dieser sorgenfreien Zeit, wie ich sie in Murlis Gegenwart erlebte, dachten wir beide, dass wir ein Leben lang wie Bruder und Schwester zusammenbleiben würden. Er war mein fremder Bruder und doch innerhalb kurzer Zeit so unendlich vertraut geworden; wie Blutsverwandte, meinte Omika.

Die Tage und die Nächte wurden langsam kühler, das Wetter bescherte uns wiederholt Regen, die bunten Blätter der Bäume verwandelten sich in Rostfarben und der Wind fing häufiger an zu wehen und zu stürmen. Das Vogelgezwitscher wurde seltener und wir, wir wurden mit der Zeit etwas melancholisch. Es war Ende September, als uns die Nachricht erreichte, dass Murli ab dem ersten Oktober nicht mehr im Großmutters Haus wohnen dürfe, er solle ins Kinderheim gebracht werden. So beschlossen die lokalen Behörden nach „sorgfältiger und wohlwollender Prüfung“, wie es in ihrem Schreiben an meinen Onkel hieß.

Auch meine Eltern mussten auf eine Adoption verzichten. Die Bukarester Behörden hatten ihnen abgeraten. Der zuständige Beamte riet meinen Eltern, ein anderes Kind zu adoptieren, keinen Halbwaisen. Er sagte ihnen, irritiert von der Anfrage und der Absicht meinen Eltern, einen Halbwaisen, ein Roma-Kind zu adoptieren:

„Wollen Sie, dass Sie mit der flüchtigen Mutter Monate später Ärger bekommen? So sind diese Leute, Nomaden, sie wissen nicht was sie genau wollen und sind unzuverlässig. Die Mutter könnte es sich bald oder nach Jahren anders überlegen, und dann würde sie Sie anzeigen, um an Ihr Geld zu kommen. Dann haben Sie einen Prozess am Hals, gleich wie er ausgeht. Am besten, Hände weg von diesem Kind! Lassen Sie dort in Suczawa die lokale Behörde selbst alles regeln und das Kind in ein Kinderheim bringen.“ Vater erzählte uns, dass Mutter mit Tränen in den Augen einsehen musste, dass alles zu kompliziert würde und sie nur mit Schwierigkeiten von den Behörden rechnen müssten. So verzichteten meine Eltern schweren Herzens auf diesen kurzen Traum.

Eines Morgens, kurz nach diesen Hiobsbotschaften, das Wetter fing draußen an kälter zu werden und das Vogelgezwitscher wurde mit jedem neuen Tag spärlicher, warteten wir, Omika und ich mit dem Frühstück auf Murli, der, wie wir dachten, sich ziemlich verspätet hatte. Omika war schon verärgert, da sie noch einiges zu tun hatte und ihr die Zeit davonlief, wie sie wiederholt betonte. Tante Valerie wollte mit Omika zum Markt gehen, um frische Waren abzuholen und die Zeit drängte. Die Befürchtung, dass der Bauer schon weg wäre, wenn sie zu spät einträfen, war groß. Man schickte mich zu Liza hinunter, um nachzuschauen was mit Murli sei und ihn nach oben in die Küche zu holen. Es war ein Donnerstag, da musste Fräulein Liza ziemlich früh das Haus verlassen. Ihr Unterricht begann um Punkt acht Uhr dreißig, sodass sie sich schon vor acht auf dem Weg zur Schule befand.

Als ich an der Tür von Murlis Zimmer klopfte und dabei „Murli, Murli“ rief, hörte ich eine Stimme von draußen rufen, die ich zunächst nicht verstand. Ich ging ins Zimmer hinein, die Tür war nicht abgesperrt und stellte fest, dass niemand da war. Von Murli war auch keine Spur zu finden. Seine wenigen Sachen waren auch weg. Auf dem Tisch in seinem Zimmer in Lizas Wohnung fand ich ein Blatt Papier mit zwei Zeilen darauf und daneben die kleine Puppe mit den schwarzen Augen, das einzige Spielzeug, das Murli bei sich hatte als er zu uns kam. Es war ein Geschenk von seiner Mutter, die er sehr liebte. Mit großen, ungelenken, unregelmäßigen Buchstaben schrieb der Siebenjährige:

„Muss weg, will nicht ins Heim, bitte seid nicht zu traurig, Murli“.

Ich fing an zu weinen, nahm das Stück Papier und die Puppe und lief schluchzend die Treppen hoch zur Omika. Sie verstand sehr schnell, riss mir das Papier aus der Hand, las die Zeilen und nahm mich anschließend in die Arme und versuchte mich zu trösten: „Liuza weine nicht, der Junge musste weg, er wird es bestimmt gut haben. Und wer weiß, vielleicht kommt er irgendwann sogar wieder, uns besuchen!" Omika wusste immer das Richtige zu sagen. Mein Onkel meldete den Vorfall der Polizei und als Nachweis übergab er den Zettel mit der Nachricht von Murli. Die Geschwister Strohschein, zwei ältere Damen, aus dem gegenüberliegenden Haus, die meistens, wenn sie nicht schliefen oder aßen, beide am Fenster mit Blick zur Straße saßen und gerne alles beobachteten, was sich draußen bewegte, erzählten, dass sie den Jungen sahen, wie er vor ihrem Fenster einer Bauernkarre hinterherlief, die von zwei Pferden gezogen wurde und darauf sprang. Und weg war er. Diese Beobachtung wurde von den Beiden zwei Tage später auch vor dem Beamten wiederholt, der sie zuhause besuchte und alles protokollierte. Meine Tante Lala erfuhr dies später im Büro im Rathaus, wo sie damals tätig war.

Die Zeit ging vorbei und wir hörten von Murli nichts mehr. Über zehn Jahre später, als ich wieder in den Sommerferien nach Suczawa kam, um meine Tanten und Onkel zu besuchen, Omika war schon von uns gegangen, gastierte ein Zirkus in der Stadt, in der Nähe von Zamca. Schon als Kind empfand ich eine Faszination für die Zirkuswelt, sodass ich mir eine Eintrittskarte für die Samstagvorstellung besorgte. Das Programm versprach die üblichen beliebten Zirkusnummern: Tiere in der Manege, Akrobaten, die in der Luft am Trapez springen,

Clowns und vieles mehr. Am meisten faszinierte mich die kunstvolle und elegante Nummer eines jungen Artisten in einem schwarzen Kostüm voll mit Pailletten und ergänzt mit einem roten Gürtel an der Taille. Der Zirkusdirektor selbst kündigte den jungen Mann mit den Worten an:

„Und jetzt, ein großes Talent am Trapez, unser Stolz, Nico!"

Mein Herz fing an schnell zu pochen, meine Augen füllten sich mit Tränen. Diese Eleganz, die sichere und stolze Haltung, die Ausstrahlung imponierten mir und ich musste an den Sommer mit dem kleinen Jungen denken, an meinen fremden Bruder Murli mit seiner Puppe, die er mir im Haus meiner Großmutter überlassen hatte, und an ihren Ehrenplatz in meinen Leben. Als die Vorstellung zu Ende war, überlegte ich, ob ich nach hinten zu den Artisten gehen und fragen sollte, ob dieser schöne junge Mann namens Nico mein kleiner Murli war... Stattdessen führten mich meine Schritte in Richtung Ausgang, mit der Angst vor einer Enttäuschung und gleichzeitig mit der Hoffnung eines Wiedersehens im Herzen. Heute weiß ich, dass es damals ein Fehler war, nicht mit Nico zu sprechen, vermutlich hätte er mir vieles von Murli erzählt. So konnte ich nur davon träumen, und wer weiß, vielleicht von einem anderen Sommer in Suczawa...

„Und nun, vielleicht fragst Du dich auch was ist aus Murli, dem Zirkuskind, meinem fremden Bruder geworden? War Murli wirklich zum Zirkus zurückgekehrt und ein bekannter Artist geworden? Oder ist er, nachdem er das Konservatorium absolviert hat, ein begnadeter Musiker geworden? Bei einem Beethoven-Konzert unter der Leitung von Ricardo Mutti, sah ich viele Jahre später einen talentierten Musiker am Klavier. Die Plakate draußen auf der Straße zeigten einen Mann, Mitte Vierzig, mit schwarzen Augen und langen Wimpern und einen Wuschelkopf. War dieser Pianist Nico oder doch nicht? Kannst Du diese Fragen beantworten?“

***

Auch heute noch, wenn Emilie sich an diese Zeit erinnert, scheint sie das laute Lachen und das Geschrei der Kinderbande zu hören, sieht das Springen im Fluss, das Stürzen, das Herumplantschen, und spürt noch die ganze Energie und Ausgelassenheit, die sie damals als Kinder in sich getragen haben.

# Teil 2

## Leicht bewölkt

Ich sehe Dich noch vor mir, strahlend,
klar wie ein Bergsee, zwischen den Tälern,
erfrischend und unberührt,
wie eine Jungfrau.

An welchen Orten bist Du gewesen,
so einzigartig und stolz in den vielen Jahren?
Wie eine Königin!
Kindheit, wo hast Du Dich versteckt? (2)

## Unsere Nachbarn

Unmittelbar neben unseren Haus in Bukarest wohnte eine Familie mit zwei Mädchen. Nella, die jüngere, war neun Jahre alt und Lumi, die ältere, war so alt wie ich, also knapp dreizehn. Beide waren blond und hatten seidige lange Haare. Ich fand sie sehr hübsch, weil ich mir schon immer wünschte, auch blond zu sein. Stattdessen waren meine Haare kastanienfarben. Omika sagte, „Kind, deine Haare haben den Glanz der dunklen Kirschen." Dennoch hätte ich viel lieber blonde lange Haare und nicht lange Haare in Kastanienfarbe. Aber ich musste es so akzeptieren wie es war. Meine Omika sagte mir auch, dass diese Haarfarbe zu meinen braunen Augen und zu mir gut passte; ich sollte aufhören, so dumm zu reden. Omika liebte es, meine langen Haare zu bürsten und zu einem langen Zopf mit weißer Schleife zu flechten. Omika sagte immer das Richtige, und dann war ich wieder froh.

Mit Nella und Lumi spielte ich gerne draußen im eigenen oder in ihrem Hof, wenn die Schulaufgaben beendet waren. Diese hatten nämlich Priorität, so wurde es von den Eltern verlangt. Lumi lernte gut und viel, und sie war gut im Unterricht. Nella dagegen war schnell in Denken, hatte aber nicht so viel Sitzfleisch und sprang schnell zum Fenster, wenn sie jemand von draußen rief. Dann ließ sie alles liegen und stehen und lief hinaus, sehr zum Missfallen der Hauswirtschafterin, die auch für die Kinder sorgte, wenn die Eltern beschäftigt waren. Und sie waren sehr beschäftigt. Ich vermutete, dass Nella und Lumi ihre Eltern nicht viel zu Gesicht bekommen hatten, meistens nur an den Wochenenden, so dass Sofia, die Hauswirtschafterin, auch die Schulaufgaben kontrollieren müsste. Diesbezüglich hatte ich mehr Glück. Zwar arbeiteten meine Eltern auch beide, und Aurica, mein Kindermädchen, kochte für mich gutes Essen. Aber meine Eltern, besonders meine Mutter, nahm sich jeden Tag Zeit für mich, sobald sie aus dem Büro kam. Einmal verfasste meine Mutter sogar spätabends für mich eine Kurzfassung für Literatur, da ich alleine nicht damit zurechtgekommen war. Mutter hatte sich in dem Buch bis spät in die Nacht hineingelesen und weckte mich am nächsten Tag vor sechs Uhr auf, um mir Zeit zu lassen, die Aufgabe in meinem Heft nach ihrer Kurzfassung zu ergänzen. Sie erklärte mir sogar auch, wie sie diesen Text erstellt hatte und gab mir noch einige Erläuterungen und Beispiele, damit ich künftig in der Lage wäre, nach diesem Muster andere Texte alleine zu schreiben. Das schaffte ich dann auch.

Der Vater von Nella und Lumi hatte eine wichtige Stelle beim Zentralkomitee, er war deshalb häufig unterwegs und auf Reisen. Auch mein Vater war in einem Ministerium als Beamter in einer verantwortungsvollen Arbeit tätig, auch er verreiste dienstlich viele Male, so dass meine Mutter viele Arbeiten und Entscheidungen alleine übernehmen musste. Wenn er aber da war, konnten wir als Familie vieles gemeinsam unternehmen. Mamamare, meine zweite Großmutter, meinte, dass ihre Schwiegertochter, Clarissa eine treue Seele und eine sehr fleißige Frau war, die nie Zeit für Langweile oder für dumme Gedanken gehabt hätte. Anders als bei Nella und Lumi, wie sich später herausstellte. Die Mutter meiner beiden Freundinnen aus dem Nachbargarten war auch berufstätig; ihre Arbeit ließ ihr sogar mehr Zeit für zuhause als bei meiner Mutter. Sie war sich bewusst, dass sie als eine schöne Frau galt: Sie war schlank, ihre langen Beine weckten das Interesse der männlichen Nachbarn und ihre Haare fielen ihr über die Schultern und strahlten dunkelblond im Sonnenlicht. Wenn sie auf die Straße ging, drehten sich viele Männer um und schauten ihr lange nach. Manchmal beneidete ich Lumi und Nella und wünschte mir auch so eine schöne Mutter. Denn ich glaubte, nach meiner Mutter drehten sich keine Männer um, nur mein Vater; er liebte seine Clarissa über alles, genau wie mich, seine Tochter. Jakob fand seine Frau schön und war sehr angetan von ihr.

Eines Tages, als ich im Garten war, hörte ich aus dem Nachbarhaus einen lauten Streit, ziemlich wild und mit aggressiven Worten. Der Mann rief:

„Pack deine Sachen und verschwinde! Du bist unser nicht mehr würdig, Du bist nicht mehr willkommen, bei uns zu wohnen!" Anschließend hörten wir eine Frau laut weinen und etwas Unklares antworten. Es waren nur ein paar Worte wie:

„Ich nehme mir das Leben, wenn Du mich hinauswirfst!“ Gleich danach ertönte ein schrecklicher Schrei; etwas flog von der ersten Etage durch die Luft und blieb mit einem dumpfen Aufprall im Garten liegen. Erschrocken liefen die Erwachsenen aus den benachbarten Gärten und fanden die junge Nachbarin am Boden in ihrem Garten liegend. Sie war in einem kritischen Zustand. Ihr Mann erschien nicht. Auch die Mädchen nicht, sie waren an diesem Tag nicht zuhause. So blieb ihnen der Anblick erspart. Die Nachbarn riefen den Krankenwagen und berichteten, dass die Frau blutüberströmt, aber zum Glück noch bei Bewusstsein sei. Vermutlich hatte sie mehrere Knochenbrüche. Genauer wusste man es nicht. Der Krankenwagen kam schnell und die Frau wurde von den Sanitätern in den Wagen gebracht und mit Sirenenalarm in die Notfallaufnahme des nächsten Krankenhauses gefahren. Nach drei Wochen kehrte die Mutter meiner Freundinnen zurück. Sie sei seelisch und körperlich ein Wrack, hörte ich unsere Nachbarin Elvira zu meiner Mutter sagen. Elvira war immer über alles gut informiert. Wenn man etwas Neues aus der Nachbarschaft hören wollte, musste man nur Elvira fragen. Sie war zuhause und hatte genügend Zeit, um mit den Nachbarn zu tratschen.

Kurz danach traf ich meine Freundinnen in Begleitung ihrer Mutter vor der Tür. Die Frau stützte sich auf zwei Krücken und schleppte sich langsam von der Straße ins Haus. Von ihrer Schönheit war nicht mehr viel übrig. Wer sie vor dem Unfall nicht gesehen hatte, hätte sie sich schwer anders vorstellen können. Die Tratschtanten erzählten es Elvira, und die erzählte es meiner Mutter. So hörte ich zufällig, dass die Unglückliche fremdgegangen sei; ihr Mann sei überraschend von einer Dienstreise früher zurückgekehrt und hätte sie mit ihrem Liebhaber, einem Hausfreund, in flagranti im Ehebett erwischt. Dieser floh fast nackt aus dem Haus, mit den Schuhen und dem Hemd in den Händen. Die Frau suchte erfolglos nach einer Ausrede. Dann drohte sie, sich das Leben zu nehmen, wenn der Ehemann ihr nicht verzeihen würde. Als dieser sie laut aufforderte, das Haus zu verlassen, sprang sie vom Balkon der ersten Etage in den Garten. So kam es zu dem schrecklichen Unfall, der allen in der Nachbarschaft die Ruhe und die Freude nahm. Die Mutter der beiden Mädchen blieb ein Krüppel. Elvira sagte, die Frau hätte auch nach dem Unfall noch gehofft, ihr Mann würde ihr verzeihen, und alles würde wieder gut werden. Es kam aber anders. Ihr Mann reichte die Scheidung ein, und sie musste mit ein paar Habseligkeiten das Haus verlassen. Sie verlor auch das Erziehungsrecht für ihre Kinder. Man munkelte, die Partei hätte Druck auf den Mann ausgeübt.

Seit diesem Tag lebten Nella und Lumi nur mit ihrem Vater und mit der Hauswirtschafterin Sofia, die ihnen die Treue hielt. Der Kontakt zur Mutter wurde ihnen verboten. Sie waren traurig, das konnte man deutlich sehen. Ihr Herz war verletzt, sie wurden unsicher. Sie spielten nicht mehr mit mir oder mit anderen Kindern zusammen. Sie blieben die meiste Zeit im Haus, sie schämten sich für etwas, wofür sie keine Schuld hatten, und weitere Kontakte nach außen wurden vermieden. Sofia, die treue Seele, eine fleißige Frau vom Lande, war immer da, putzte, kochte, backte und kontrollierte sogar die Schulaufgaben. Der Vater der Mädchen arbeitete noch mehr für die Partei, fast Tag und Nacht, und war noch weniger zuhause als vorher. Ich überlegte, mein Vater arbeitete auch für die Partei und kam innerhalb der letzten drei Jahre sogar auf fünfhundert Nächte, die er der Arbeit widmete. Trotzdem war er für mich und meine Mutter immer da.

Nella und Lumi lernten eifriger als je zuvor, und nur abends, wenn es dunkel wurde, verließen sie das Haus. Ich hörte sie in ihrem Garten ganz leise flüstern. Sie wollten niemanden sehen oder treffen. Auch ich war traurig und hätte sie gern getröstet und vermutlich auch nichts gefragt. Es kam aber nie mehr dazu. In den großen Ferien fuhren sie mit ihrem Vater weit weg. Nach einiger Zeit zogen sie um. Sie wollten vermutlich alles vergessen und in einer anderen Gegend einen Neuanfang wagen. Sofia erzählte das alles Elvira als sie sich von ihr verabschiedete, und Elvira erzählte es uns weiter. Ich hatte Nella und Lumi nie wiedergesehen.

Ebenfalls in der gleichen Straße in Bukarest, nicht weit von unserem Haus entfernt, wohnten auch zwei Frauen, Marga und Denise. Marga war Malerin und freie Künstlerin, von Statur her etwas kleiner; Denise, Model bei einer Modeagentur, war schlank und groß. Ein ungleiches Paar. Man erzählte sich mit leiser Stimme, sie seien nicht nur Freundinnen, sondern ein Liebespaar. Niemand wagte, das laut zu behaupten, da zu der damaligen Zeit vermutlich alle Angst vor Konsequenzen hatten. Marga trug auf der Straße stets kurze bunte oder schwarze Röcke. Dazu einen breiten roten Gürtel, der die weiße Bluse eng am Körper hielt. Eine Perlenkette oder ein anderer markanter Modeschmuck zierte ihren Hals.

Zum Set gehörten meistens noch Ohrclips, die auch nicht klein ausfielen. Die schwarz gefärbten Haare waren lang und sahen etwas derangiert aus. Hellgrüne Augen lächelten die Nachbarn im Vorübergehen grüßend an. Dem gegenüber war Denises Erscheinungsbild blasser. Sie trug ausschließlich Hosenanzüge, schlicht geschnitten, vorwiegend in Pastellfarben von Orange bis Grün. Zeitweise trug sie auch Schwarz oder Grau. Sie wirkte bescheiden. Die Haare waren über die Ohrläppchen kurz und gerade geschnitten, mit einem Pony, der ihre dunklen, mit Kajal umrandeten Augen betonte.
Es wurde erzählt, und die Kinder glaubten und wiederholten alles, dass bei Marga und Denise zuhause die Rollen im Haushalt wie bei jeder anderen Familie genau definiert waren. Marga war die Köchin und bereitete für die wenigen Gäste, die an Wochenenden zu Besuch kamen, schmackhafte Gerichte. Denise war zuständig für den Einkauf der Lebensmittel. Man sah sie auf der Straße immer wieder schwere Taschen mit den Einkäufen tragen. Beide Frauen liefen, wenn sie gemeinsam ausgingen, in einem sportlichen Tempo mit großen Schritten an den Häusern vorüber. Wenn ich gerade am Fenster stand und die beiden so laufen sah, dachte ich, dass die Beiden einen wichtigen Termin hätten oder dass sie ins Theater wollten und dieses auf keinen Fall versäumen möchten. Jedenfalls fanden wir Kinder dieses Paar bemerkenswert. Warum das so war, ist mir bis heute nicht klar.

***

Emilie erinnert sich, dass nach dem schlimmen Ereignis im Nachbarhaus, ihre Mutter versuchte, Emilie für ihr künftiges Leben aus ihrer eigenen Erfahrung einiges mitzugeben. Sie sagte zu ihr: „Die Schönheit des Wesens und des Charakters, die seelische Wärme, sind viel mehr wert und wichtiger als das Äußere, die körperliche Schönheit.“ Damals war Emilie aber noch zu jung, um das wirklich zu verstehen.

## Dunkle Tage

„Regen und Donner bewohnen mein Herz. Meine Seele hat ihre Pastellfarben verloren, und eine graue Hülle umgibt sie. Draußen scheint die Sonne nicht mehr, es ist kalt geworden. Meine lieben Großeltern sind einer nach dem anderen gestorben." Meine Gedanken wirkten schwer wie Blei, sie drückten auf mein ganzes Gemüt.

Wenn es nach mir gegangen wäre, hätte ich meine Großeltern für immer in meiner Nähe behalten, aber ich konnte nichts tun, auch die Ärzte nicht. Sie sagten anschließend immer, „so ist das Leben, insbesondere wenn man älter und krank wird." Ich fand das ungerecht. Omika wurde nicht einmal siebzig und musste gehen. Ihr Herz machte nicht mehr mit. Trotz aller Tabletten, die sie wegen ihrer Krankheiten schlucken musste, schlug ihr Herz eines Tages nicht mehr. Sie war gerade wieder einmal zu Besuch gekommen. Wenn sie da war, spürte ich noch mehr Geborgenheit als vorher. Sie kochte und backte und verzauberte uns mit den besten Gerichten. Ihre Kuchen und die vielen Tortenspezialitäten waren einmalig. Auch ihre Stimme war wie Musik, wenn sie zu mir sprach. Sie verstand mich in allem, was ich ihr erzählte, auch wenn ich mit Kummer aus der Schule kam und mich bei ihr ausweinte. Dann sagte sie: „Kind, lass, mach dir nicht so viele Gedanken, morgen kommt die Sonne wieder in dein Herz."

Eines Abends hatte Omika Schwierigkeiten beim Atmen,

sie bekam keine Luft mehr. Meine Eltern riefen sofort den Krankenwagen und fuhren mit ihr ins Krankenhaus. Nachts, als sie zurückkehrten, hörte ich sie leise flüstern: „Die Ärzte haben gesagt, wenn Omika die Nacht überlebt, wäre sie außer Gefahr“. Ich lag in meinem Bett und die Eltern dachten, dass ich schon schlafen würde. Ich musste aber ununterbrochen an Omika denken und konnte mir nicht vorstellen, sie nicht mehr zu sehen. Ich fing an zu beten und den lieben Gott zu bitten, dass meine Omika die Nacht überlebt. Dann schlief ich ein. Frühmorgens hörte ich meine Mutter im Nebenzimmer weinen. Angst umhüllte meine Seele, ich dachte, „wenn Omika nicht mehr da ist, was mache ich dann?“ Die Hoffnung wollte ich aber nicht aufgeben. Mit geballten Fäusten ging ich ins Wohnzimmer. Meine Mutter weinte, mein Vater war auch sehr traurig. Als sie meine Schritte hörten, sagte mein Vater zu mir:

„Liuza, ich weiß, dass du Omika sehr lieb hast, jetzt aber musst du tapfer sein, Omika ist für immer eingeschlafen. Ihr Herz war sehr müde und hat aufgehört zu schlagen. Bis um fünf Uhr haben wir noch Hoffnung gehabt.“ Ich antwortete unter schluchzen:

„Ich, zwölf Jahre alt, und ohne Omika!“

Meine Eltern erzählten mir später, dass ich wie gelähmt war, da ich nicht verstehen konnte, warum meine Bitte von dem Allmächtigen nicht erhört wurde. Mein Interesse für die Schule, für das Ballett oder für meine Freundinnen war verschwunden. Ich blieb zuhause. Einige Tage später begleiteten Familie und Freunde Omika zu ihrer ewigen Ruhestätte. Alle

Freunde meiner Eltern kamen, um Omika ihren Respekt zu erweisen. Alle kannten Omika gut, viele hatten Omikas Spezialitäten gegessen und geschätzt.

Nur wenige Monate später wurden Opapa und Mamamare auch krank. Ich glaubte, hier lag es an der Trennung, die sie erleiden mussten, als Jakobs Schwester, Tante Frieda, zusammen mit ihrer Tochter und ihrem Mann das gemeinsame Haus verließ und nach Neapel fuhr. Es sollte eine lange Reise ohne Rückkehr werden. Die alten Eltern wussten Bescheid und stellten sich nicht in den Weg. Der Kummer war aber sehr groß. Erst erkrankte Mamamare und verließ uns. Der Vater sagte später, es hätte an ihrer schweren Krankheit gelegen. Sechs Monate danach ging auch Opapa. Nach dem Tod von Mamamare war er sehr traurig geworden. Sie waren über sechzig Jahre verheiratet. Opapas Herz wurde krank. Sie wurden beide nur achtzig Jahre alt.

Jetzt hatte ich keine Großeltern mehr. Es tat weh, wenn ich von anderen Kindern hörte, dass sie zu den Großeltern fuhren. Mein Opapa konnte mir kein Taschengeld mehr für eine warme Brezel oder für Schmalzkuchen geben und meine Mamamare konnte meine Kleider nicht mehr kürzen. Aber am meisten machte mich traurig, ihre Stimmen nicht mehr zu hören, wenn sie mich „Liuza“ riefen.

## Zur alten Burg

Tante Lala und Onkel Noldi waren umgezogen. Sie hatten das alte Haus mit dem schönen Garten in Suczawa verlassen und waren in derselben Straße in einen neuen Block mit vier Stockwerken gezogen. Das neue Zuhause meiner Tante und meines Onkels lag in der zweiten Etage. Es gab keinen Aufzug. Ich dachte: „Omika ist ja auch nicht mehr da, anders müsste sie die vielen Treppen sehr langsam steigen. Höher hätte sie es nicht geschafft. Ihr Herz war ja krank." Tante Valery und Tante Gisella blieben jetzt im großen alten Haus allein. Als ich meine Verwandten in diesem Jahr in den Ferien besuchte, brachte mich Onkel Noldi direkt zur neuen Adresse. Wir fuhren wie immer vom Bahnhof Iţkani mit der Kutsche den Weg hoch in Richtung Krankenhaus, dann aber beim alten Haus vorbei in das Neubaugebiet.

Die neue Gegend stimmte mich etwas traurig, da ich das alte Haus und seinen großen Garten liebte. Außerdem lag sie weiter vom Zentrum entfernt. „Viele Bewohner", erzählte Onkel Noldi, „wünschen in den neuen Blocks zu wohnen, mit Zentralheizung, mit warmem Wasser, mit Bad und Toilette in der Wohnung". Auch Tante Lala und Onkel Noldi waren darüber froh. Im alten Haus gingen wir alle zum Klo in ein Häuschen draußen im Garten. Gewaschen hatten wir uns bis zur Hälfte in weißen großen Schüsseln. Als ich noch klein war, durfte ich mich sogar in der Blechbadewanne für Wäsche baden. Für mich war das wunderbar, und ich war dabei immer glücklich. Es störte mich nicht, in der Nacht mit einer großen Taschenlampe aufs Klo zu gehen. Nur den Geruch in diesem Häuschen mochte ich gar nicht. Das dauerte aber nur kurze Zeit, denn ich kehrte rasch ins Haus zurück. Dort duftete alles nach Kuchen und Eau de Toilette von meiner Omika und nach Rasierwasser von Onkel Noldi. Wenn die Erwachsenen baden wollten, gingen sie zum öffentlichen Bad, man zahlte dafür einen kleinen Betrag, es war für jeden zugänglich, und man konnte sich ganz sauber machen. Einmal nahm mich Tante Lala mit. Es waren leider sehr viele Frauen in dem kleinen Raum, alte und junge. Jede schaute der anderen beim Aus- und Anziehen zu. Das fand ich gar nicht schön. Und die Duschkabinen waren sehr alt. Nach dem Umzug war in der Wohnung alles neu, und keiner von uns musste noch zum öffentlichen Bad. Nur Tante Valerie und Tante Gisella suchten diesen Ort weiter auf. Dafür hatten sie die Freude, im alten Haus zu wohnen und den großen Garten zu genießen. Schon ihre Eltern hatten dort gewohnt. „Sie würden dort niemals ausziehen, auch nicht für modernes Baden“ überlegte ich. Es wurde ihnen angeboten, sie hatten es abgelehnt.

Als Onkel Noldi und ich vom Bahnhof kamen und mit unserem Gepäck die erste Etage gerade noch schafften, öffnete sich eine Tür und eine fröhliche, breite und gewichtige Frau begrüßte uns. Neben ihr stand Silviu, ihr Sohn, strahlend wie die Sonne im Frühling. Er war schlank und groß, hatte blonde Haaren und grüne Augen und trug ein weißes Hemd. Ich fand ihn von Anfang an sehr elegant. Dieser Eindruck änderte sich auch später nicht. Das war für mich das Beste an diesem Umzug. Silviu wurde ab diesem Tag mein Vertrauter, mein Freund in Suczawa, der in mir viele Träume auslöste. Er war sehr höflich und fing an, uns zu besuchen; erstaunlicherweise hatte niemand etwas dagegen. Die Tante kannte seine Familie gut und wusste über alles Bescheid, da sie bei der Stadt arbeitete und über viele Informationen verfügte. Wiederholt sagte sie, Silviu sei ein anständiger und braver Junge, sein Vater sei Polizeibeamter und erziehe ihn sehr streng. Silviu war vier Jahre älter als ich, in diesem Jahr bestand er die Aufnahmeprüfung bei der Polytechnik in Jassy. Seine Eltern, besonders seine Mutter, waren sehr stolz auf ihn.

Immer wenn er Zeit hatte, holte mich Silviu ab. Dann gingen wir Hand in Hand zur alten Burg, zur „Pădurice“, einem Wäldchen mit vielen Tannen und Fichten, oder auch nach Samca. Mein Herz sang immer vor Freude, und ich war stolz, einen so klugen und schönen jungen Mann an meiner Seite zu haben. Ich, die kleine Liuza, mit gerade vierzehn Jahren noch so jung. Mit meinem Kopf reichte ich nur bis zu seiner Schulter. Silviu schien dies nicht zu stören, wie ihn auch die vier Jahre Altersunterschied nicht störten. Er vertraute seiner Mutter an, dass er mich ganz toll fand und über mich und unsere Gespräche begeistert sei. Die Mutter erzählte es meiner Tante weiter und die Tante mir. Einmal sagte er voller Zärtlichkeit zu mir: „Du, du bist so klug und so witzig, ich könnte unendlich viel bei dir sein.“ Mein Gesicht wurde rot, es gefiel mir, er gefiel mir. Abends traf er Mädels in seinem Alter oder sogar älter, mit denen er andere Erlebnisse teilen konnte. Eines Abends, als ich ihn fragte, warum wir nicht länger zusammenbleiben könnten, antwortete er mir ehrlich: „Du bist noch zu jung, ich brauche etwas mehr, als nur eine süße Hand zu halten. Verstehst du mich? Die älteren Mädchen, die ich treffe, dürfen mehr. Ich habe versprochen, dich unversehrt nach Hause zu bringen, und das noch vor der Dunkelheit." Danach war ich für einen Moment traurig. Ich weiß noch, dass ich an diesem Abend lange gegrübelt habe. Trotzdem hätte ich kein Treffen mit Silviu versäumt, für nichts in der Welt.

Wenn Silviu meine Hand in seiner hielt, war es, als ob ein leichter Frühlingswind meine Haare streichelte; es war wie das Zwitschern der Vögel im Garten meiner Großmutter, so selbstverständlich leicht. Hand in Hand besuchten wir die Orte der moldauischen Geschichte; so die Fürstenburg, sehr alte Ruinen einer ehemals imposanten Burg, wo Stefan der Große vor etwa fünfhundert Jahren die Ottomanen besiegte. Ich war von der Geschichte ergriffen, aber auch von der Anwesenheit meines Freundes. Der Weg führte uns die Straße hinunter, am Kulturhaus und dem Hotel Central vorbei nach rechts zur katholischen Kirche. Dann liefen wir zum Kloster des heiligen Johan mit den hohen grauweißen Mauern, wo ich als Kind gemeinsam mit anderen Kindern heimlich und unbeobachtet Äpfel und Birnen aus dem Garten mitnahm. Nach einer Weile kam eine Kreuzung und der Weg gabelte sich:

Der erste Weg führte aufwärts am alten Friedhof vorbei in Richtung Burg, der zweite führte mit Stufen in Richtung „Pădurice" und endete in großen Feldern mit wilden Kamillenblüten, kleinen Butterblumen und hohen Gräsern. Der dritte, der bei der Elektrischen Fabrik begann, führte zum Topografischen Haus.

Auf unseren Wegen begegneten wir vielen bunten und fröhlichen Gärten mit blutroten Pfingstrosen und Dahlien, mit gelbstrahlenden „Mädchenaugen" und großen und kleinen Sonnenblumen. Viele der Gärten waren reich an Beeren, Erdbeeren, Himbeeren, Johannisbeeren. Solche hatte Omika auch in ihrem Garten, und dort gab es auch viele Tomatenpflanzen, Gurken und Salat. In einigen Gärten standen kleine Apfelbäume und hoher Hibiskus, dessen weiße oder rote Blüten sehr lange im Sommer zu sehen waren. Die Burg von Stefan dem Großen habe ich im Laufe der Jahre bei jedem Aufenthalt in Suczawa alleine oder auch mit anderen Menschen besucht, aber das Gefühl, das ich in Anwesenheit von Silviu hatte, war unvergleichlich. Ich durfte mit ihm auch weitere Träume leben. Manchmal lagen wir auf dem Rücken mitten auf einer unendlich großen Wiese und beobachteten, wie die Wolken über den Himmel wandern. Wir folgten ihnen, bis sie komplett verschwunden waren. Alles war so still, so friedlich, so wunderbar duftend.

## Das Konzert

Draußen duftete es nach Frühling, es war März. Die Apfelbäume blühten, kleine weiß-zartrosa Blüten schmückten die Krone. Im Garten hatte Mihu, der Gärtner, Hyazinthen und Tulpen rechtzeitig eingepflanzt. Ich liebte es, das Fenster meines Schlafzimmers abends zu öffnen und im Dunkeln die frische Luft von draußen einzuatmen. „Vater schätzt Mihus Handfertigkeit sehr, jetzt duften die Blumen wunderbar zart“, dachte ich und freute mich über den Duft und die Erinnerung an diesen besonderen Tag. Am Nachmittag war ich mit einigen Schülern aus dem Gymnasium zusammen im Athené, dem Bukarester Konzertsaal. Es gab ein Konzert speziell für junge Menschen; das Repertoire war bunt zusammengestellt: Beethoven, Berlioz, Mozart. Vor jedem Musikstück erläuterte ein Musikwissenschaftler den Schülern die Entstehungsgeschichte und die Inhalte. Die Erläuterungen wurden in drei Fremdsprachen vorgetragen: In Deutsch, Englisch und Französisch.

Wir waren alle begeistert. Die Schüler und Studenten, die teilnahmen, kamen aus verschiedenen europäischen Ländern. Es sollte gleichzeitig ein europäischer Erfahrungsaustausch für junge Menschen sein. Auch ich war sehr neugierig darauf. In der Pause hatte ich Gelegenheit, eine Gruppe von Schülern aus Dänemark kennenzulernen. Ein blonder großer Junge mit seidigen Haaren und himmelblauen strahlenden Augen fiel mir besonders auf. Vermutlich auch ich ihm, so dass wir schnell ins Gespräch kamen. Er erinnerte mich an einen jungen Mann aus dem Film „Die Wikinger". Wir unterhielten uns in Englisch. „Was für ein Glück," dachte ich, „dass ich als zweite Fremdsprache nach Französisch Englisch gewählt habe und es fleißig lerne. So kann ich mich jetzt mit Erik unterhalten und lachen." Erik erzählte mir, dass die Gruppe noch drei Tage in Bukarest zu Besuch bleiben würde und schlug vor, dass wir uns nach meinem Unterricht treffen und gemeinsam spazieren gehen könnten. Er würde mich gerne von der Schule abholen, wenn ich zustimme und ihm die Adresse gebe. Selbstverständlich hatte ich ja gesagt und die Adresse genannt.

Daran musste ich in dieser Frühlingsnacht denken; ich träumte mit offenen Augen. Aus meinem Bett blickte ich in einen Himmel voller Sterne, die mir zuwinkten und sich mit mir über all das zu freuen schienen. Der helle Mond wünschte mir gute Nacht. Ich schloss die Augen und schlief froh ein. Die Nacht war kurz. Am nächsten Tag stand Erik wie vereinbart vor der Schule. Es war schön, mit ihm zu gehen, ich wählte den Weg an der Chaussee entlang, hinunter zum Herăstrău-See. Auch Erik gefiel die gemeinsame Zeit. Ich hatte mich in Erik verliebt, in diese Leichtigkeit, diese Freude, die wir empfanden. Wir hatten gemeinsame Interessen, obwohl wir in unterschiedlichen Ländern zuhause waren, in unterschiedlichen politischen Systemen. Keiner von uns dachte an den Unterschied. Der Gedanke, dass Erik in zwei Tagen Bukarest verlassen würde um nach Hause, nach

Kopenhagen zu fahren, stimmte mich etwas traurig. Wir tauschten unsere Adressen aus, und Erik versprach mir zu schreiben. Das tat er auch.

Etwa eine Woche nach seiner Rückkehr erreichte mich ein warmherziger Brief. Er schrieb, wie froh er war, mich getroffen und mit mir schöne und interessante Gespräche geführt zu haben. Bukarest gefiel ihm sehr gut, die Gebäude im Zentrum erinnerten ihn an Paris und er würde gerne mit mir Kontakt halten. Wer weiß, was für uns die Zukunft bringen würde, schrieb Erik am Ende des Briefes voller Zuversicht.

Ich überlegte: „In einem Monat werde ich 16 Jahre alt. Ob Erik mir gratulieren wird?" Die Freude und die Überraschung waren groß, als mein Vater einen Tag vor meinen Geburtstag mir einen dicken Brief überreichte. Darauf klebte eine Briefmarke aus Dänemark, die Schrift war mir bekannt. Der Brief war von Erik. Mein Herz klopfte schnell, ich errötete, und öffnete gespannt und voller Freude das Kuvert. Mein Vater stand neben mir und wollte gleich den Inhalt des Briefs erfahren. Es war wieder ein warmherziges Schreiben, mit vielen Glückwünschen zum Geburtstag. Dazu fand ich noch eine Metallkette mit einem Tigeraugenstein als Anhänger. Erik schrieb, das sei sein Geburtstagsgeschenk für mich. Es sollte mir viel Glück bringen und mich an unsere Freundschaft erinnern. Ich war sehr gerührt.

Mein Vater sagte: „Aus dienstlichen Gründen müsste ich wissen, was dieser Junge Dir schreibt und warum." Einige Tage nach meinem Geburtstag erklärte er mir, es wäre besser, wenn ich in Zukunft auf diese Korrespondenz verzichten würde. Seine Stimme klang auch diesmal ganz leise und nüchtern; es fiel ihm offensichtlich schwer, es auszusprechen:

„Du würdest mir Unannehmlichkeiten ersparen. Ich müsste immer über alle diese Schreiben berichten und sie vorher lesen. Wenn Du aber den schriftlichen Kontakt nicht mehr hältst, gibt es für mich auch nichts mehr zu melden." Ich erkannte, wie unwohl sich mein Vater dabei fühlte. Ich wurde traurig. Aus Liebe zu meinem Vater hatte ich, mit großem Schmerz, nur noch einen einzigen Brief an Erik geschrieben. Darin dankte ich ihm für das Geschenk, erzählte ihm, wie froh und schön mein Geburtstag dadurch wurde und versicherte ihm, ihn niemals zu vergessen. Ich bat Erik um Verständnis, dass ich keine weitere Korrespondenz führen würde. Die Wahrheit durfte ich ihm nicht schreiben. Danach wurde ich sehr traurig, ich war überzeugt, dass Erik sehr enttäuscht sein wird. So ging eine vielversprechende Freundschaft zu Ende, bevor sie richtig wachsen konnte. Ich hatte mein Versprechen gehalten, ich hatte Erik nie vergessen!

## Enttäuschung

Unsere Gymnasialklasse war meistens lebhaft, sowohl in den Pausen als auch während des Unterrichts. Es lag an der Gabe des Lehrers und an seiner Persönlichkeit, diese lebendige und laute Gruppe junger Menschen zu bändigen. Wir wussten ganz genau, bei wem wir laut sein könnten und in welchem Unterricht kein Mucks zu hören war. Die Klassenlehrerin, die uns Literatur beibringen sollte, war sehr beliebt. Ihre große Statur, ihr strahlend makelloses Porzellangesicht, die blitzenden blauen Augen und die hellblonden, hochgesteckten Haare schenkten ihr eine unverwechselbare Präsenz. Wenn sie den Raum betrat, verwandelte sich das Chaos in eine symmetrische, lineare Ordnung, es wurde still und alle grüßten erfreut. Constanze, so war ihr Vorname, bat die neuen Schüler, sich selbst vorzustellen. Zu ihnen gehörte auch Liviu.

Zunächst fiel er mir gar nicht auf, da er eine unscheinbare Figur machte. Einfach ein ruhiger Junge, nicht sehr groß, auch nicht klein, mit dunklen Haaren und dunkel-grünen Augen. Sein Gesichtsausdruck gab zu erkennen, dass er jemand war, der sich mit anderen nicht gerne anlegte. Eine sehr kleine Nase und ein unauffälliger Mund ergänzten sein Gesicht, dessen Stirne trotz seiner fülligen Haare breit zu sein schien.

Liviu erzählte, dass er mit seinen Eltern in die Nähe der Schule umgezogen sei. Er sei froh, hier mit uns in einer Klasse zu lernen. Ich dachte, er hätte die Gabe, Menschen schnell zu überzeugen, gleichwohl er nicht sehr gesprächig war. Von Anfang an spürte ich, wenn seine Blicke auf mich gerichtet waren. Ich saß vorne, in der zweiten Bank, Liviu saß in der vorletzten schräg gegenüber. Nach zwei Wochen fing er an, mir kleine Geschenke mitzubringen. Mal waren es kleine Blumen, Veilchen; ein anderes Mal Süßigkeiten, ein guter Kompass für die Mathematikstunden oder ein winziges Portemonnaie für kleine Münzen. Ich bedankte mich und erkannte schnell sein Interesse. Nach etwa einem Monat fragte er mich direkt: „Emilie, hast du schon einen Freund?“ Ich antwortete, dass ich generell Freunde habe, aber keinen, mit dem ich alleine ausgehe. Der Junge war in seiner Ruhe und Überzeugungskraft nicht zu übertreffen.

„Würdest du mit mir in deiner Freizeit ausgehen wollen? Direkt gesagt, möchtest du meine Freundin sein?“ Livius Worte überraschten mich, da bis zu dieser Zeit kein anderer Junge mir ähnliche Fragen gestellt hatte. Durch meine Erziehung neigte ich dazu, zurückhaltend zu sein und antwortete:

„Mal sehen, was es wird. Zunächst kann ich ja mit dir Spazierengehen. Wenn wir uns gut verstehen, dann komme ich wieder. Einverstanden?“ Liviu war begeistert. Er nahm meine Hand in seine, schaute mir in die Augen und sagte schnell:

„Wie wäre es mit heute Abend, nach den Aufgaben, gegen 18 Uhr? Ich hole dich von zuhause ab, wenn du einverstanden bist.“ Ich merkte, dass er fest entschlossen war; trotz seiner ruhigen Art wollte er nicht lockerlassen. Es war ein Mittwoch, und mittwochs hatte ich nachmittags Ballettunterricht. Das passte mir gar nicht, und ich hatte auch nicht die Absicht, für ihn auf das Tanzen zu verzichten. So schlug ich ihm den nächsten Abend vor.

Am Abend des nächsten Tages war es noch sehr mild draußen, und wir beschlossen, die Chaussee entlang zum Park zu laufen. Alles schien in der Natur so leicht zu sein. Liviu nahm gleich meine Hand in seine und wir gingen ruhig und verträumt nebeneinander. Auf dem Weg erzählte er mir von seiner früheren Schule und seinen Freunden. Und von Judo, seinem Hobby. Von seinem Trainer, seinem Vorbild, und von seinem Ziel, den Schwarzen Gürtel zu bekommen. Seit dem fünften Lebensjahr sei er dabei und habe bisher den grünen Gürtel erreicht. Ich erzählte von meinem Traum, Ballerina zu werden, von meinen täglichen Übungen zuhause und von der Ballettschule, die ich dreimal in der Woche besuchte. Liviu interessierte sich auch für fremde Münzen, die er zusammen mit seinem Vater sammelte. Seine Augen leuchteten, während er all dies erzählte. Auf dem Weg fanden wir einen lauschigen Platz mit einer Bank in der Nähe des Sees. Ich spürte mein Herz stark klopfen, als er seinen Arm um mich legte. Sein erster Versuch, mich zu küssen überraschte mich nicht, da er ständig meine Hand drückte. Sie wurde warm, und seine Augen suchten die meinen. Ich schloss die Augen und erwiderte sein Kuss. Seit diesem Kuss wusste ich, er ist mein Freund. Wir sprachen nicht mehr, wir schwiegen eine Weile, als sei der Zauber in Gefahr, bei der winzigsten Silbe zu brechen.

Wie mit den Eltern vereinbart, kehrten wir um neun Uhr nach Hause zurück. Liviu verabschiedete sich vor dem Gartentor mit einem weiteren Kuss und murmelte glücklich:

„Jetzt bist du meine Freundin, ja, du bist jetzt meine Freundin!“ Ich selbst war nach diesem Kuss sehr aufgeregt, sagte schnell noch:

„Ja, bis morgen!“ und verschwand im dunklen Garten, atmete vor der Tür im Dunkeln noch tief ein und klingelte an der Tür. Mutter öffnete und schaute mich ganz aufmerksam an, jedenfalls dachte ich das, denn ich hatte Angst, sie könne etwas merken. Meine Wangen spürte ich ganz heiß; vermutlich waren sie leuchtend rot. Da hörte ich die Mutter sagen:

„Liuza, bist du denn den ganzen Weg gelaufen? Du kannst kaum atmen.“ Ich antwortete nicht, lief direkt in mein Zimmer und schloss die Tür hinter mir. Später wollte ich auch nichts mehr essen oder trinken. Durch die Tür erklärte ich, ich hätte dringend noch etwas für morgen zu lesen und ging schlafen.

Am nächsten Tag, als ich wieder in die Klasse kam, sah ich Liviu, der wie ein Hahn durch den Raum stolzierte und sich mir mit großen Schritten näherte. Als Begrüßung versuchte er mir gleich einen Kuss zu geben. Ich wich ihm aus. Das gefiel ihm vermutlich nicht; mir war es aber gleichgültig, da ich noch nicht bereit war, meine Gefühle vor der Klasse zu zeigen. Auch in den Pausen war er etwas lästig mit seiner übertriebenen Nähe. In der großen Pause konnte ich ihn überzeugen, dass ich wirklich seine Freundin bin; dennoch erklärte ich, dies sei für mich aber kein Grund, es schon am ersten Tag vor den anderen preiszugeben.

Wir wurden richtig gute Freunde und wir hatten uns sehr lieb, jedenfalls kann ich das von mir behaupten. Liviu war sehr aufmerksam, sehr liebevoll. Er besuchte mich häufig und lud mich auch zu sich nach Hause ein. Ich nahm die Einladungen gerne an, mit Zustimmung meiner Eltern, die immer wissen wollten, was ich unternehme und mit wem. Livius Mutter war sehr freundlich zu mir und schätzte unsere Freundschaft. Es war ihr bekannt und wichtig, dass mein Vater wie ihr Mann Ingenieur von Beruf war. Sie selbst arbeitete wie meine Mutter als Angestellte in einem Büro. Über mich erfuhr sie von Liviu, dass ich gute Noten im Unterricht hatte und fleißig war. Ich fühlte mich bei ihnen sehr gut aufgehoben, so dass Liviu und ich unsere Aufgaben nach der Schule häufig gemeinsam erledigten. Wir wurden unzertrennlich, in der Schule und in der Freizeit, mit Ausnahme der Ballettstunden. Beim Judounterricht war ich viele Male dabei. Es war Livius Wunsch, und ich erfüllte ihn gerne. Auch bei den Wettbewerben und Sportkämpfen war ich dabei und feuerte ihn an. Sein Vater mochte mich auch und konnte sich sogar mehr für uns vorstellen. In der Klasse waren wir schon als Paar bekannt. Sogar Edith, meine Lieblingslehrerin, die uns die französische Literatur nahebrachte, hatte Freude daran, sich mit uns alleine zu unterhalten. Meine Liebe für die französische Literatur und für Baudelaire und meine Bewunderung für sie waren ihr bekannt, und sie wurde erwidert.

Zwei Jahre lebten Liviu und ich unsere Freundschaft und unsere Liebe, eine seelische und platonische Liebe. Wir wollten brav bleiben und wollten später heiraten. Jedenfalls sagte mir Liviu das immer wieder. Im Winter sind wir im großen Eisstadion Schlittschuh gefahren und im Sommer zum See schwimmen gegangen, bis sich eines Tages alles änderte ...

Eines Nachmittags erzählte mir Liviu nach der Schule, dass seine Familie im kommenden Monat ausreisen würde.
Seine Eltern hätten schon seit geraumer Zeit einen Antrag für die Ausreise gestellt und nach langer Wartezeit endlich die Erlaubnis erhalten. Sie seien alle sehr froh darüber.
Der Himmel stürzte auf meinen jungen Kopf, Wasserströme schlugen auf mein Gesicht und meinen Körper ein, so fühlte sich alles an. Ich wurde stumm, lange Zeit schaute ich Liviu nur an und war nicht mehr im Stande, etwas zu sagen. Dafür sprach er ununterbrochen, als sei es ganz normal, weg, weit weg zu fahren und niemals zurück zu kommen. In ein anderes Land, ins Heilige Land, nach Israel. Liviu und seine Familie waren Juden. Mir wurde das irgendwann einmal erzählt, aber es hatte für mich keine Bedeutung. Es war nicht üblich, über Religion zu sprechen und alle waren sowieso gleich, zumindest wurde das in der Schule behauptet.

Liviu merkte endlich meine Stille, meine Traurigkeit, meine Fassungslosigkeit. Er sagte mit unbeschwerter Stimme:

„Hei Emi, mach dir keinen Kopf, ich vergesse dich nicht, wir bleiben zusammen. Ich komme dich später holen." Ich schaute ihn voller Zweifel an und antwortete:

„Ein anderer Kontinent, andere Menschen, ein anderes Leben." Etwas tief in mir versuchte zu sagen, dass alles, was Liviu mir erzählte, nur als Trost dienen sollte und irreal war. Eine andere Stimme tief in mir versuchte mich zu überzeugen, dass in der Liebe und in der Freundschaft alles möglich sei. Ich wählte diese Stimme und sagte schließlich:

„Ja Liviu, du hast recht, wir bleiben zusammen, wir schreiben uns, wir bleiben uns treu und du kommst, du kommst mich holen. Ich vertraue dir!"

Dann kam der gefürchtete Tag, in dem ich Liviu und seine Eltern zum Flughafen begleitete. Es regnete in Strömen, das Wetter hatte sich mit meinen Gefühlen verbündet und verstärkte meine Traurigkeit. Außer mir gab es nicht viele Personen, die die Familie verabschiedeten. Die Mutter und der Vater von Liviu umarmten mich voller Freude und sagten mir „Bis bald". Liviu selbst schaute mich mit seinen dunkelgrünen Augen traurig an und drückte mich an sich, er wirkte schon immer viel reifer als die anderen gleichaltrigen Schulkollegen. Ich fing an zu weinen, es war fast ein Schluchzen, es war mir peinlich, so viel Traurigkeit preiszugeben. Liviu hielt meine Hände fest und versuchte, mir etwas von seiner Überzeugung weiterzugeben.

„Ich komme bestimmt, ich schreibe dir und wir werden zusammen sein, wir werden heiraten!“ Dann gingen alle drei durch den Zoll, und man konnte sie nur ab und zu noch durch die Glasfenster sehen. Wir winkten uns einige Minuten, dann waren sie ganz verschwunden.

Ich ging zum Ausgang, um den Bus zu nehmen. Hinter mir hörte ich eine Stimme rufen:

„Emilie, Emilie!“ Ich drehte mich um, und sah eine große blonde, schlanke Frau, die ich nicht kannte, mit ganz roten Augen, rot vom vielen Weinen. Ich blieb stehen, und sie sprach mich leise an.

„Entschuldige, du bist doch Emilie, ich wollte dich nur kurz sprechen; ich bin so traurig wie du vermutlich auch. Du musstest dich heute von Liviu trennen und ich ..." Die Frau fing an, laut zu weinen. Dann sprach sie mit aller Kraft weiter.

„... ich musste von Paul Abschied nehmen. Es ist so schrecklich für mich ...“ Sie schluchzte, wischte sich ständig die Augen mit einem nassen, zerknitterten Taschentuch. Ich war entsetzt und fragte mich, wer diese Frau sei. Ich kannte sie wirklich nicht. Nach einigen Momenten bat sie mich, ihr meine Telefonnummer anzuvertrauen und gab mir als weiteren Vertrauensbeweis ihre eigene Nummer. Sie sagte:

„Wir müssen unbedingt miteinander sprechen, aber nicht hier draußen, ich würde dich gerne zu mir einladen, bitte ruf mich an, bald, bitte.“

Ich dachte nicht weiter an meinen Kummer, jetzt beschäftigte mich diese mysteriöse Frau, diese schöne Unbekannte. Ich war schon immer ein wenig neugierig; meine Ungeduld wuchs in den kommenden Tagen. Nach genau drei Tagen rief mich Stefanie an und gab mir ihre Anschrift. Diesmal erzählte ich meinen Eltern nicht die Wahrheit und dass ich Stefanie besuchen wollte. Ich hatte Angst, sie würden es mir verbieten und vorher wahnsinnig viele Fragen stellen, die ich mir selbst noch nicht beantworten konnte. Zuhause erzählte ich, dass ich Jenny, eine Schulkollegin, besuchen wollte, und fuhr mit dem Bus zu Stefanie. Sie wohnte in einem Hochhaus, in der fünften Etage, sehr geräumig und schön eingerichtet, auf der anderen Seite der Stadt. Stefanie lebte alleine. Sie war geschieden und ihre zwei Kinder wohnten bei ihrem Ex-Mann. Sie war eine unabhängige Mittvierzigerin, die aber durch ihre Leidenschaft für Paul, ihren Geliebten, von einem Tag zum anderen ihre Selbständigkeit verlor. Sie erzählte mir ihre Liebesgeschichte, währenddessen ich ihr Essen, angeblich für mich speziell vorbereitet, verspeisen durfte. Alles war mir neu und seltsam. Ich war aber bereit ihr zuzuhören und spürte, dass sich die Frau den ganzen Schmerz von der Seele redete.

So erfuhr ich, wo sie Paul, Livius Vater, kennengelernt hatte. Angeblich war er wegen Geldunterschlagung sechs Monate im Gefängnis, und sie besuchte dort einen Nachbarn, der betrunken randaliert hatte und für drei Nächte in der Anstalt bleiben musste. Stefanie verliebte sich sofort in Paul, als sie ihn in der Zelle mit ihrem Nachbarn sah. In den sechs Monaten schrieb er ihr fast jeden zweiten Tag Briefe.

Manchmal brachte sie ihm Essen, das sie speziell für ihn gekocht hatte, kaufte ihm Bücher und schenkte sie ihm. Eines Tages, als sie ihn wieder besuchen wollte, war die Mutter von Liviu auch gerade da. Sie musste unbemerkt verschwinden. Sie wollte keine Szene verursachen.
Als Paul die Anstalt verließ, fing er an, Stefanie zuhause zu besuchen. Sie war frisch geschieden und hungrig nach Liebe und Leidenschaft. Mit ihrem Ex-Mann hatte sie schon lange Zeit keinen Sex mehr, er favorisierte eine Zwanzigjährige, mit der er in der Zwischenzeit schon ein Kind hatte.

Stefanie erzählte mir so vieles aus ihrem Leben, ich spürte, dass sie mir vertraute, wusste aber nicht warum und wieso. Sie kannte mich ja nicht. Als ob sie meine Gedanken lesen konnte, klärte sie mich auf:

„Emilie, ich kenne dich gut, Paul hat mir von dir und Liviu erzählt. Paul schätzt dich sehr, er sagte mir immer, du seist ein gutes, anständiges Mädchen, gut erzogen und mit viel Herz. Weißt du, dass Paul dich sehr gerne als Schwiegertochter sehen würde?“
Ich war sprachlos und meine Sprachlosigkeit wuchs, je mehr sie erzählte. Sie zeigte mir, wo sie schliefen, wo Paul saß, als er sie besuchte, was er sagte, wie glücklich sie waren ...
Ich fragte unvermittelt dumm und ehrlich: „Wollte Paul Livius Mutter verlassen?“ Bei meiner Frage verstummte Stefanie. Ich selbst war von mir überrascht. Es war mir ohne Absicht herausgerutscht. Vermutlich hatte ich mir während der Erzählung zu viele Gedanken über Liviu und seine Mutter gemacht.

Mich hatte das Ganze erschreckt. Zuhause bei uns herrschte Harmonie und meine Eltern liebten einander. Ich musste mich immer wieder fragen, ob die Menschen so verlogen sein können. Ich habe Livius Vater bei meinen Besuchen anders erlebt, voller Zärtlichkeit für seine Frau und immer lachend, in guter Stimmung. War dies alles nur Fassade?

Stefanie sagte ich aber nichts von meinen Zweifeln. Auch nicht meinen Eltern. Sie durften nichts erfahren, sie würden enttäuscht sein. Nach zwei Stunden verließ ich Stefanie. Ich musste versprechen, dass ich mich melde, jedes Mal, wenn ich von Liviu ein Brief bekomme. Sie würde das Gleiche tun und mir ihre Informationen mitteilen. Ich wiederholte den Besuch nicht, obwohl ich immer wieder von Stefanie eingeladen wurde. Das alles belastete mich sehr. Ich hatte genug mit meinem Leben zu tun. Die Schule verlangte mir viel Fleiß ab. Eineinhalb Jahre waren es noch bis zum Abitur. Die Trennung von Liviu tat mir weh. Liviu schrieb am Anfang häufig und beschrieb mir sein neues Leben. Mit der Zeit schien seine Begeisterung für die Menschen und für die neue Umgebung zu wachsen. Mit der Zeit wurden die Briefe immer rarer und die Stimme hinter den Worten wurde ferner, kälter. Die Wärme, die ich suchte, war nicht mehr in ihr zu finden! In seinem letzten Brief an mich erzählte er von einer jungen Italienerin, die er in einer Sprachschule kennengelernt hatte, die Tochter eines Holzfabrikanten, die viele Fremdsprachen sprach. Seine Bewunderung für diese Frau war nicht zu überhören. Sein Brief tat mir sehr weh. Ich hatte mein Zimmer mit seinen Fotos dekoriert, so dass ich jeden Augenblick und aus jeder Ecke des Zimmers Livius Gesicht, das mich anlächelte, sehen konnte. Früh morgens und beim Schlafengehen. Und jetzt erzählte er von Mirella! Danach kam kein Brief mehr. Monate vergingen; Monate, die ich mit gebrochenem Herzen verbrachte, unwissend, welche Naturgewalt diese Flamme zum Erlöschen brachte. War die Liebe begraben? War seine Liebe für mich weit weggeflogen? Oder vielleicht war ein Unfall oder eine Krankheit schuld an dieser Stille?

Das Schicksal geht seine Wege, auch wenn wir sie manchmal nicht verstehen oder erkennen. Es kam so, dass unsere Nachbarin Elvira, die mit meinen Eltern befreundet und über alles bei uns gut informiert war, die Möglichkeit bekam, Freunde in Israel zu besuchen. Ich bat sie, Liviu aufzusuchen. Dafür erhielt sie von mir seine Adresse. Ich wollte unbedingt erfahren, was los ist. Ich gab ihr auch ein Geschenk für Liviu mit, eine Schallplatte von den Beatles.

Als Elvira nach drei Wochen Urlaub zurückkehrte, war ich die erste aus unserer Familie, die sie begrüßte. Elvira, die für gewöhnlich sehr lange und gerne erzählte, war diesmal mit den Details sehr sparsam. Sie berichtete, dass sie Liviu in der Tat getroffen habe. Sie war zu ihm nach Hause gegangen, wie sie mir versprochen hatte. Dann gab sie mir eine kleine Kette mit einem Anhänger als Geschenk. Mehr sagte sie nicht. Sie deutete an, er würde sich mit einem Brief bei mir melden und mir die Neuigkeiten selbst erzählen. Meine Ungeduld war unendlich und ich vermutete nichts

Gutes.

Der Brief kam nach etwa zwei Wochen, er war lang und detailliert. Liviu erzählte, dass er geheiratet habe, seine Frau Mirella habe ihm einen Sohn geschenkt, alles sei sehr schnell gegangen. Er musste sie heiraten, weil sie gleich beim ersten Mal schwanger wurde. Ihr Vater hatte sie zur Heirat gezwungen. Im Brief standen noch viele andere Erklärungen und viele Entschuldigungen. Er gab zu, dass er ohne Elviras Besuch nicht den Mut aufgebracht hätte, mir dies alles zu berichten. Ja, er sei feige gewesen. Er bat mich, ihm zu verzeihen. Er würde mich in seinem Herzen festhalten und nie vergessen. Er müsse sich aber jetzt um seine kleine Familie kümmern und sich eine Arbeit suchen. Die besten Wünsche für mich und meine Familie ...

Es gab nichts mehr zu sagen, ich schrieb nicht zurück. Wie es in meinem Herzen aussah, kann sich vermutlich jeder vorstellen. Eine Frage blieb für mich unbeantwortet: „Wäre das gleiche passiert, wenn ich mich Liviu damals ganz in Liebe hingegeben hätte? Wir wollten doch beide bis zur Heirat abwarten."

# Baudelaire

Der Weg zum Park führte mich an der Chaussee entlang. Rechts und links schmückten Lindenbäume in symmetrischen Reihen die Allee. Ihre Düfte begleiteten mich bis zum Park. Ich hatte es mir zur Gewohnheit gemacht, nach dem Unterricht, mit einem Ranzen voller Bücher und mit einem Pausenbrot, in den nahe gelegenen Park zu gehen, um dort für eine Weile meine Seele baumeln zu lassen. In der Nähe eines Magnolienbaumes fand ich eine Bank, einen lauschigen Platz, setzte mich hin, schloß die Augen und sog die Luft tief ein. Mit geschlossenen Augen spürte ich diesen erfrischenden Duft der weißen und roten Rosen. Mein Herz war verzaubert und ich gewann neue Energie. Der Duft der Magnolienblüten war sanft, und deren Eleganz verlieh mir ein Gefühl von unbeschreiblichem Genuss. Aus dem Ranzen holte ich meinen Lieblingsautor, zurzeit war das Baudelaire, und vertiefte mich in die Lektüre. Ein gutaussehender Mann, der mich an Robert Redford erinnerte, blieb vor mir stehen. Er war blond, schlank und hatte dunkelblaue Augen. Seine freundliche und warme Stimme sagte:

„Ich gehe schon das dritte Mal hier vorbei. Du bist mir gleich aufgefallen. Ich wollte dich fragen, in welches Buch du so vertieft bist? Ich bin Corneliu." Ganz erfreut antwortete ich:

„Baudelaire, „Les fleurs du Mal", und mein Name ist Emilie." Corneliu setzte sich neben mich auf die Bank, strich mit der rechten Hand über seine Haare und fing an zu erzählen:

„Ich liebe Baudelaire, alles was ich gefunden habe oder von Edith zu lesen bekam. Auch Paul Verlaine. Die französischen Dichter allgemein.“ Dann verstummte er sofort und träumte weiter vor sich hin. Ich schwieg und wartete, dass er das Gespräch fortsetzte. Zum Glück war die Pause kurz.

„Ich habe Edith viel zu verdanken. Damals war ich so glücklich. Mein Herz konnte vor Freude tanzen und ich, ich konnte sogar dichten."

„Wer ist Edith und wo hast du sie getroffen?“ fragte ich schüchtern, aber sehr neugierig. Corneliu erzählte, Edith wäre vor etwa zwölf Jahren seine Französischlehrerin gewesen. Er hatte sich damals in sie verliebt, und so entstand auch sein Interesse für die französische Literatur, insbesondere für die Romantiker. Diese Liebe bestehe heute noch. „Trotz allem habe ich ein Medizinstudium absolviert und vor vier Jahren meine Approbation erhalten.“

Das alles überraschte mich, aber ich enthielt mich aller Kommentare. Edith war jetzt meine Lehrerin! Ihre rassige Schönheit - kupferrote lange Haare, braune leuchtende Augen, figurbetonte Kleidung - hatten mich wiederholt an Sofia Loren denken lassen. Ich liebte ihre Unterrichtsstunden. Ich fühlte mich selbst verzaubert von ihrer Begeisterung, die ansteckend war, wenn sie über die französischen Dichter sprach, auch über Baudelaire. Sie erläuterte den Schülern die Tiefe seiner Verse, deren Bedeutung und vieles mehr. Ihre

Stimme klang für mich leidenschaftlich. Sie war geheimnisvoll und erzeugte Stille in der Klasse. Die Schüler lauschten mit Interesse, ich hing an ihren Lippen. Diese Gedanken erzählte ich Corneliu nicht. Stattdessen genoß ich mit geschlossenen Augen den frischen Duft seines Rasierwassers, der meine Nase erreichte. Es war wie die Brise eines Ozeans und gleichzeitig wie das Strahlen schneebedeckter Berge in der Mittagssonne! Es betörte meine Sinne. Für einen Moment stellte ich mir sogar vor, dass der zarte Magnolienduft sich in einen Vogel verwandelt und uns ein Lied vorsingen würde. Die Unterhaltung ging noch eine Weile weiter, dann ging jeder seiner Wege.

Seit diesem Tag trafen wir uns regelmäßig nachmittags im Park. Ich saß auf der Bank mit Baudelaires Buch auf dem Schoß, und Corneliu kam ohne jede Vorwarnung, setzte sich neben mich und wir unterhielten uns wie alte Bekannte. Wir sprachen über Baudelaire und über das Leben allgemein. Es schien mir, als ob wir uns gerne hätten, und dass dies der gemeinsamen Liebe zu Baudelaire zu verdanken war. Jedes Mal, wenn Corneliu sich neben mich auf die Bank setzte, erreichte mich dieser frische Duft, der mir ein Gefühl von Energie, Kraft und Geborgenheit gab.

Eines Tages erfuhr ich, dass Edith unsere Schule im nächsten Monat verlassen würde, um nach Montreal auszuwandern. Auf dem Schulhof wurde gemunkelt, dass sie verliebt sei und mit ihrer großen Liebe dieses Abenteuer wagen würde. Ich überlegte und entschied mich, Corneliu beim nächsten Treffen alles zu erzählen. Dazu kam es leider nicht, Corneliu kam nicht mehr. Nicht an den Tagen danach und auch nicht Monate später, als Edith uns verlassen hatte, um auf die Reise zu gehen. Mit der Zeit fragte ich mich, ob es eine Verbindung zwischen Ediths Reise und Cornelius Wegbleiben gab. Vermutlich werde ich es nie erfahren. Es tat weh, zwei wichtige Menschen in meinem Leben auf einmal zu verlieren. Dann fiel mir ein, dass Baudelaire für immer bei mir bleiben würde, wie die Erinnerung auch. Ich war glücklich!

## Die Impressionisten

Solange ich mich erinnern konnte, stand für mich der Wunsch nach Freundschaft im Vordergrund. Diesbezüglich konnte ich mich als glücklich bezeichnen, da ich im Laufe der Jahre viele Begegnungen mit einzigartigen Menschen erleben durfte. Einige davon wurden meine Freunde. Ich bezeichnete diese Erfahrungen als Reichtum meiner Seele. In meiner Liebe für andere erlebte ich wiederholt auch Enttäuschungen. Trotzdem war dies nie ein Grund, meine Freude oder mein Vertrauen für sie einzuschränken.

In der Tiefe meiner Seele dachte ich immer wieder an Klaris, die ich in meiner Jugend kennengelernt hatte. Sie war meine Freundin. Ich hatte sie in den Sommerferien, als ich Omika in Suczawa besuchte getroffen. Sie hatte mich nie enttäuscht. Unser Briefwechsel und unsere Liebe und Bewunderung für van Gogh oder Monet hatten uns zusammengeschweißt.
Es waren Glücksmomente, die ich heute nicht vermissen möchte. Durch Klaris hatte ich meine Leidenschaft für die Impressionisten entwickelt. Ich konnte mich noch gut erinnern, wie Klaris mir die Bilder von van Gogh und Gauguin in einem Bildband zeigte und mir die Besonderheiten der verwendeten Farben erklärte. Das Gelb für die Sonnenblumen und die Felder bei van Gogh, das intensive Rot und Blau bei Gauguin. Und dessen Liebe für ferne Länder. Dann die Freundschaft, die die zwei Maler verband. Die seelischen

Krisen van Goghs, der Unfall mit dem Ohr. Monet mit seiner Leidenschaft für seinen Garten, für die Seerosen, die er selbst gepflanzt hatte. All dies war die Brücke, die Klaris' Seele mit meiner zusammenbrachte. Wir träumten mit offenen Augen; sie malte für mich ihre Landschaften und ich las ihr meine Gedichte und meine Prosa vor. Sie war ein ganz sensibler Mensch, warmherzig. Ein leichtes, schimmerndes Grün verlieh ihren Augen unheimlich viel Wärme. Sie besaßen diesen Glanz, den ich nur noch von meiner Mutter kannte, wenn sie etwas Freudiges dachte oder sich zu erinnern glaubte. Dieses innige, besonders geheimnisvolle Lächeln ihrer Augen sah ich noch immer vor mir. Jetzt, da ich wiederholt an sie denken musste, versuchte ich mir vorzustellen, wie ihr Leben und unsere Freundschaft verlaufen wären, wäre nicht dieses unbarmherzige Schicksal gewesen. Ich hatte meine Freundin viel zu früh verloren, noch bevor wir richtig erwachsen wurden. Ich wollte sie nicht vergessen. Deshalb hatte ich mich entschieden, sie mit meinen Zeilen auf dem weißen Papier festzuhalten.

Wenn ich an Klaris dachte, sah ich eine junge Frau, ehrlich und altruistisch, vor mir stehen. Sie verstand es immer, für die Anderen da zu sein und sie im Sonnenlicht baden zu lassen. Wenn wir zusammen lachten, öffnete sich die Tür weit zu unseren Träumen und wir wanderten auf Wegen, die uns vorher unbekannt waren. Wir wanderten über hügelige Landschaften, wir liefen zu den Wasserquellen, wir verweilten auf Feldern in der Nähe von Kirchen und träumten weiter bis in den Sonnenuntergang und weit darüber hinaus.

„Valli schau“, sagte ich und zeigte meinem Cousin Valli, der gerade durch die Tür in den Raum hereinkam, einen Brief. „Ich fand in der Truhe diesen Brief an Klaris. Sie hatte uns Freunde und ihre Familie so früh verlassen. Da ich sie immer noch vermisse, lese ich dir jetzt diese Zeilen als Ersatz dafür und versuche, die damals geschriebenen Worte fest in meinem Herzen zu behalten.“ Die Worte sprudelten wie tanzende Buchstaben in einer Barkarole:

*„Liebe Klaris, es fällt mir schwer zu beschreiben, welche Freude mich ergriff, als ich deine Zeilen erhielt. Meine Augen liefen spielerisch über die blauen Worte, die deine Seele auf den weißen Bogen gezeichnet haben.*

*Kleine dunkle Lichter schimmerten, die Wimpern zitterten scheu aber glücklich, und das Ich begann, den Tumult des Glücks und des wahren Lieds zu spüren.*
*Die Sonne schien beim Flüstern deines Namens die Berührung meines Wesens erkannt zu haben, und sie fing an zu lachen und lachte, lachte stürmisch, glühend vor Sehnsucht, mit warmen Strahlen.*
*Der Himmel wurde auf einmal blauer als je zuvor, und seine Heiterkeit, die mein Haupt bedeckte, schien den frischen Bergseen zu entstammen.*

*Wie viel Kraft, wie viel Energie, wie viele Lebenstropfen gaben mir deine Zeilen, deine Worte, es ist schwer, das auszudrücken. Eindeutig ist aber, dass ich meine Seele erfüllt spüre. Ich sehne mich nach Deinen blaugrünen Augen, nach Deinem warmen Lächeln, nach den einfachen Gesten geprägt von der Ehrlichkeit Deines Wesens.*

*Eines Abends haben sie mir in einem geheimnisvollen Gespräch mit den Sternen des himmlischen Meeres anvertraut, dass sie die Freude über unser Wiedersehen mit uns teilen. Und dann wird die Luft, mehr als je zuvor, gefüllt mit heißem Flüstern, mit kristallinem Lachen, mit wunderbaren Träumen, mit noblen und hohen Idealen.*

*Bis in die Höhen hinauf wird das Parfüm von Jasmin und Lindenblüten steigen, und lauschige Plätze werden den Duft heißer Maronen verbreiten. Und wir, wir wären ein Atem, der Atem des Frühlings, der Jugend, der Frische... Willst du es auch? Ich umarme dich sehnsüchtig, wartend auf eine schnelle Antwort, für immer deine Emilie.“*

Valli wirkte sichtlich berührt. Er legte seine Hand auf meine und ich flüsterte:
„Wir glaubten an das Unendliche, auch in der Liebe und in der Freundschaft. Wir schworen uns Freundschaft fürs Leben. Das wurde sie auch!“

# Schwarze Augen

Der Frühling zog wieder ein und die Natur erwachte aus dem tiefen Winterschlaf. Krokusse und Veilchen, Schneeglocken, Tulpen und Hyazinthen sprossen aus der lauwarmen Erde. Ich war gerade siebzehn geworden, es war die Zeit des Verliebtseins, die Zeit der Schwärmerei. Die Sonne lächelte; ich wurde von Serena zum Geburtstag eingeladen. Serena war eine entfernte Cousine von Pauli, meinem Cousin mütterlicherseits. Oder war sie nur eine Freundin der Familie? Das zu klären ist heute nicht mehr möglich. Jedenfalls war ich da, das Haus war voll mit Gästen, viele Kinder, viele junge Menschen waren anwesend. Es waren Freunde und Familienangehörige. Einer der Gäste, der Sohn der Klavierlehrerin Frau Sommer, die mit der Mutter der Gastgeberin befreundet war, fiel mir besonders auf. Als Adrian mir vorgestellt wurde, war mein Herz voller Musik, er war schlank, groß, hatte dunkle Haare, die in der Art der Beatles geschnitten waren, harmonische Gesichtszüge und große braunschwarze Augen, die voller Freude leuchteten. Es fiel mir auf, dass lange Wimpern seine Augen schmückten. Seine Anwesenheit und sein Charme brachten mein Herz zum Klopfen. Er erinnerte mich an Murli, an meinen fremden Bruder und an den gemeinsamen Sommer meiner Kindheit. Ich fühlte mich vom ersten Augenblick an stark zu ihm hingezogen und wünschte mir sehnlich, mit diesem jungen Mann zu tanzen. Dieser Wunsch ging bald in Erfüllung, es schien, als zeige er auch

Interesse für mich. Er schien mich zu mögen. Wir tanzten den ganzen Abend zusammen. Meine Augen sahen nur diesen jungen Mann, der spannend zu erzählen wusste und alle, die in seiner Nähe waren, mit etwas Witzigem zum Lachen brachte. Er war wie ein Magnet, der die weiblichen Wesen im Raum anzog. Nach diesem Abend blieben wir zwei bis drei Jahre in Kontakt. Wir telefonierten häufig und lang, philosophierten und führten Gespräche über Literatur und Musik. Adrian war älter als ich. Er liebte die Mathematik und die Musik, die er durch den Klavierunterricht seiner Mutter kennenlernte. Er absolvierte ein Pädagogik-Studium und wurde Lehrer. Später suchte er eine gleichaltrige Partnerin, insbesondere für seine erotischen Träume, wie er mir bei einem Telefonat erzählte. Seine Mutter, die alleinerziehend war, legte besonderen Wert auf Respekt gegenüber Mädchen und Frauen. Sie hätte ihm nie erlaubt, ein Mädchen, das wie ich aus einer guten Familie stammte, wie sie zu sagen pflegte, zu kompromittieren. Adrian respektierte ihre Vorgaben. Unsere Freundschaft blieb platonisch. Die Erotik, die der junge Mathematiker, der von der Chaostheorie fasziniert war, brauchte und suchte, fand er in anderen Kreisen. Mir blieben die Gespräche, die Musik und die Träume von den schwarzen Augen!

In den Sommerferien antwortete ich Adrian mit einem Brief, den ich nie weggeschickt hatte. Ich behielt meine Schwärmereien für mich:

*„Lieber Adrian, mit viel Freude habe ich deinen Brief erhalten und meine Gedanken flogen leicht und lieb zum Hafen meiner Sehnsucht. Deine Zeilen haben in mir, guter Freund, die Traurigkeit erweckt, diese wunderbaren Plätze, die du erwähnt hast, nicht auch gesehen zu haben. Ich wünsche dir, dass dich die Stille der Natur zärtlich berührt und dir Augenblicke voller Erfüllung schenkt. Kehre glücklich zurück, voll mit guter Stimmung und vielem mehr. Von mir gibt es nicht viel zu erzählen, hier ist alles wie immer. Vormittags arbeite ich, am Nachmittag lerne ich und abends, insbesondere in der Nacht, träume ich...*

*Ich träume von einem Tag, an dem auch für mich die Sonne strahlt und ihre Wärme sich wirklich aufrichtig anfühlt. Immer wieder frage ich mich, ob dieser Tag kommen wird? Denn ich sehe: Es vergeht die Zeit. Die Hoffnung aber ist menschlich. Und weil wir uns schon so lange nicht mehr gesehen haben, jedenfalls scheint es mir so, und weil du vermutlich abends auch zur Dunkelheit des Himmels hinaufschaust, beleuchtet durch tausende von Fackeln, und weil meine Augen - wenn du dich noch an ihre Farbe erinnern kannst - in diese himmlische Dunkelheit eintauchen, würde ich dir gerne etwas erzählen.*

*Ich erzähle dir von zwei Augen, in denen der Wald sich mit der Erde vermischt, von zwei hellbraunen Augen mit einem lachenden und traurigen oder mit einem traurigen und lachenden Glanz, weit offen, als wollten sie das Geheimnis des ganzen Universums erkunden. Sie lachen übereinander und weinen übereinander, und wenn sie aufhören, dann sitzen sie still nebeneinander, obwohl sie einander gar nicht ähnlich sind. Nur in den Umrissen gleicht eines dem anderen. Jedes hat seine Tränen, jedes hat sein sonniges Schimmern, jedes hat Schatten auf der Iris eingeschrieben. Jedes ist auf seine Art schön, jedes hat auch etwas Hässliches, etwas Schreckliches, Abstoßendes, was dich erschauern lässt, um dich dann mit heißer Sehnsucht zu umfassen. Danach entfernen sie sich mit Tränen, die die Wälder einen und den Himmel des anderen bescheinen. So dass Wälder und Himmel, Himmel und Erde eine Einheit bilden, von der das Leben zu dir, zu mir, zu uns Menschen fließt. Bitte verzeih meine ephemeren Gedanken. Meine besten Wünsche für Glück und viel Heiterkeit eilen zu dir. Emilie.“*

***

Emilie atmet tief ein, ihr Herz pocht stärker als sonst. Sie blickt durch das Fenster zum Himmel, sieht die Sterne und murmelt: So viele Träume, so viele Gefühle, so viel Hoffnung und gleichzeitig so viel Nostalgie.

## Falscher Weg

Manchmal stellt man sich die Frage nach dem Sinn mancher Begegnungen. Es gibt Situationen im Leben, in denen von Anfang an erkennbar ist, dass sie nicht gut enden werden. Trotzdem beschreitet man diesen Weg, ignoriert Signale, die einen vorwarnen; man geht weiter und wird überrascht vom Versagen. So war es auch bei der Begegnung mit Franz.

Franz war ein gestandener Mann von über vierzig Jahren mit großer Lebenserfahrung. Er war geschieden. Seine erste und auch seine zweite Frau hatten ihn mit Schallgeschwindigkeit verlassen. So wurde erzählt. Franz war ein Lebenskünstler ohne berufliche Perspektive. Das schien ihn jedoch nicht zu betrüben. Leichtigkeit beflügelte sein Wesen, wenn es um mehrere Gläser Wein oder Schnaps ging. Dafür war er immer zu haben. Und auf diesen Mann sollte mein Weg an meinem siebzehnten Geburtstag zulaufen. Ich war Sopranstimme in einem Jugendchor. In diesen Chor verirrte sich auch Franz. Als ich meine Augen während einer Probe den anderen weit hinter mir zuwandte, gab es gar keinen Grund, diesem Mann besondere Aufmerksamkeit zu schenken. Erst als er in einer Pause versuchte, die anderen mit seinen trivialen Pointen zum Lachen zu bringen, schaute ich ihn genauer an. Ich sah in meiner Nähe einen hochgewachsenen Mann, ein Meter achtzig groß, mit leicht geröteter Haut, mit vielen Sommersprossen im Gesicht und auf den Armen, mit schlechten Zähnen, die immer zum Vorschein kamen, wenn er laut lachte. Die Nase war relativ groß und schien noch roter zu sein als sein Gesicht. Ich fand ihn unattraktiv, sogar etwas hässlich. Ich drehte ihm den Rücken zu. Er schien dadurch erst motiviert zu sein und versuchte, ein Gespräch mit mir anzufangen. Nach der Probe verließ ich den Raum. Franz lief mir wie ein Hündchen hinterher, das einen Braten gerochen hatte.

„Fräulein, warten Sie, ich möchte Sie begleiten, wenn Sie es erlauben.“ Ich antwortete nicht und ging weiter. Er blieb stehen und blickte hinter mir her.

Bei den nächsten Chorproben wiederholten sich die Szenen. Franz schien nicht aufgeben zu wollen. Einmal, als es draußen regnerisch war, stand er mit einem Schirm in der Hand vor dem Ausgang, um mich zu begleiten. Ich mochte das gar nicht, empfand es als lästig. Trotzdem lief er neben mir her, hielt seinen Schirm über meinen Kopf und versuchte mich vor dem Regen zu schützen. Ein anderes Mal, am späten Nachmittag, lief Franz wieder hinter mir her. Ich drehte mich zu ihm um und fragte genervt:

„Was möchten Sie eigentlich?“ Franz lachte und beeilte sich mit der Antwort:

„Eine Einladung zu einer Bootsfahrt auf dem See, bitte erweisen Sie mir die Ehre.“ Ich dachte, der Mann gibt zwar keine Ruhe, aber er kann sich wenigstens höflich ausdrücken. Und eine Bootsfahrt würde mich auf andere Gedanken bringen. Vermutlich würde er mich dann auch in Ruhe lassen. Ich akzeptierte die Einladung. Ich wollte den

Kummer der vergangenen Monate mit Liviu vergessen. Außerdem musste ich an alle meine Freundinnen und Schulkolleginnen denken, die sich alle in Begleitung eines Mannes präsentierten. Nur ich war noch alleine.

Franz erzählte kurz danach seiner Mutter über die Begegnung mit mir; sie wiederholte später seine Worte in meiner Gegenwart: „Ich bin von dieser kleinen, zierlichen, sehr jungen Frau, die den Körper einer Tänzerin hat, begeistert." Ich trug damals einen kurzen Rock, der meine gut modellierten schlanken Beine zur Geltung kommen ließ." Franz fand, dass alles bei mir vom Kopf bis zu den Füßen harmoniert. Das teilte er mir auch gleich ungeniert mit. Es war seine Art, sich direkt und ohne zusätzliche Verpackung auszudrücken:

„Emilie, Ihre Ausstrahlung ist für mich die perfekte Ergänzung meiner Lieder, die ich immer wieder in kleiner Gesellschaft bei verschiedenen Gelegenheiten singe." Diese Worte richtete Franz später an mich, als er sich sicher genug war, dass er mein Herz erobern könnte. An diesem Nachmittag, während der Bootsfahrt nutzte Franz die Zeit, mich mit seinem Gesangstalent zu überzeugen. Er paddelte und sang gleichzeitig Romanzen und Liebeslieder für mich. Heute würde ich vermutlich darüber lachen. Damals aber war ich gerührt von diesem älteren Mann, der nur für mich sang. Nach diesem Tag folgten weitere Einladungen, in Restaurants, ins Kino, zu Spaziergängen. Das schmeichelte mir. Ich machte mir keine Gedanken über seine verschwenderische Art, mit Geld umzugehen. Ich vermutete, dass er gut verdiene und sich das alles leisten könne. Viel später erfuhr ich, dass das Geld, was er so leicht ausgab, ihm gar nicht gehörte, sondern seinen spendablen Eltern zu verdanken war. Franz lebte noch in der Wohnung mit seinen Eltern zusammen, da er finanziell keine andere Möglichkeit hatte. Dazu kam, dass er immer wieder von seinen Eltern höhere Geldbeträge als Taschengeld schnorrte. Arbeiten war nicht seine Lieblingsbeschäftigung. Er liebte das Feiern, die strahlende Seite des Lebens; er liebte es, Menschen zu treffen und neue kennenzulernen. Ich wurde anders erzogen, genau der Gegenpol dazu: Pflichtbewusst, lernbegierig und fleißig. Ich besaß den Ehrgeiz, etwas im Leben, im Studium zu erreichen - so, wie es mir in der Familie vorgelebt wurde. Doch ich ließ mich von Franz führen und beeinflussen. Der Wunsch, gegen die eigenen Eltern zu rebellieren, schlich sich unbemerkt ein und bekam Macht über mich.

Ich lernte weiter für das Abitur, ein Ziel, das ich noch vor Augen hatte. Und doch schien es mir nichts mehr auszumachen, dass Franz mit Mühe nur fünf Schulklassen geschafft hatte. Eine weitere Ausbildung war nicht Teil seiner Ambitionen. Es reichte ihm, bei seinen Eltern und von deren Geld zu leben. Das wenige, das er mit kleinen Jobs verdiente, gab er für Alkohol und Frauen aus.
Meine Eltern waren über diese Entwicklung sehr besorgt und versuchten, mich von diesem Weg abzubringen. Je mehr sie es versuchten, desto trotziger wurde ich. Ich liebte meine Eltern und wollte ihnen nicht wehtun, aber ich hielt an meiner

tief verankerten Meinung fest. Ich war jung und setzte es mir in den Kopf, Pygmalion zu spielen. Ich erklärte meinem Vater, dass die Liebe, über die ich so vieles gelesen und gehört hatte, die ich aber nicht richtig kannte, sogar riesige Unterschiede zwischen Menschen und gesellschaftlichen Klassen ausgleichen kann. Es reichte, wie ich sagte, stark daran zu glauben und mit Überzeugung dafür zu kämpfen, dieses Ziel zu erreichen. Ich wollte Franz dazu bringen, zur Abendschule zu gehen, zu lernen und alles nachzuholen, was er in der Schule durch seine Abwesenheit versäumt hatte. Ich wollte ihn unterstützen, begleiten und bis zum Abitur bringen und - wer weiß - sogar weiter. Ja, ich wollte eine Brücke sein, die den Ausgleich schafft. Mein Vater war skeptisch und versuchte wiederholt, mir, seiner Tochter die Realität nahe zu bringen. Erfolglos. Ihm war klar, dass solch ein Vorhaben, solch eine Ambition andere Voraussetzungen brauchte. Doch mein Vater kapitulierte. Ich wollte beweisen, dass ich mich von Äußerlichkeiten nicht beeinflussen lasse, und dass auch ungebildete Menschen die Chance haben, auf der Leiter der Gesellschaft nach oben zu steigen.
Ein Gedanke meines Vaters begleitete mich auch später: „Es wäre möglich, wenn dieser Mensch selbst den Wunsch hat und dafür fleißig lernt und arbeitet.“ Mehr sagte mein Vater nicht dazu.

Ich versuchte Franz zu überzeugen, mehr aus sich zu machen und weiter zu lernen. Ja, er sei bereit, einige Klassen im Abendunterricht nachzuholen. Und so begann er tatsächlich zur Berufsschule zu gehen, leider nicht regelmäßig. Letztendlich schaffte er es mit Protektion und guten Beziehungen bis zur achten Klasse. Mehr wollte er nicht. Er fand alles zu anstrengend. Er erhielt eine Urkunde, die ihm drei Jahre Berufsschule bescheinigte. Im Grunde hatte sich nicht viel verändert. Doch die Ambitionen, die Franz entwickelte, wurden immer größer. Er beschloss, mich zu heiraten; ein Schwiegervater, der Akademiker war und ihm neue Türen öffnen könne, sollte dazu gehören. Er träumte von einem besseren Platz in der Gesellschaft. Aber er war nicht bereit, selbst etwas dazu beizutragen und sich weiter zu entwickeln. Die Heirat sollte alle Probleme lösen.

Ein schwerer Vorhang verdeckte meine Pläne für die Zukunft und hinderte mich daran, klar zu sehen. Ich liebte diesen Mann nicht, alles war nur Einbildung und Trotz. Doch der Vorhang bewegte sich nicht. Sogar Franz's Eltern, die anscheinend ein schlechtes Gewissen hatten, versuchten, mir ehrlich und auf nette Art auszureden, Franz zu heiraten. Auch sie waren erfolglos. Der alte Vater sagte eines Tages, als ich sie besuchte:

„Schneide den Knopf, schneide den Knopf so lange es noch geht!" Ich verstand ihn aber nicht, ich dachte, er wäre irgendwie seltsam. Später erst erkannte ich, dass dies der gut gemeinte Rat sein sollte, Franz zu verlassen. Franz drängte immer mehr mit seinen Heiratsplänen. Ich ging nach Hause, um die Geburtsurkunde und andere Unterlagen für das Standesamt zu holen. Franz konnte sehr überzeugend wirken. Meine

Eltern hatten aus Angst, dass ich diesen Mann auch ohne ihre Zustimmung heiraten und in mein Unglück rennen würde, alle wichtigen Unterlagen versteckt, um Zeit zu gewinnen. Sie hofften, dass ich endlich zur Vernunft käme oder ein Wunder geschehe. Ich konnte die Urkunden nicht finden und wurde wütend, schrie und schimpfte wie nie zuvor, zerbrach sogar ein Porzellanservice. Ich war der Meinung, dass meine Eltern mich gar nicht verstehen wollten. Dann schloss ich mich in mein Zimmer ein. Eine Woche verging, und ich grübelte weiter, wie ich an die Unterlagen kommen könnte.

Als ich auf dem Weg zu einer Freundin war und am Hotel Continental vorbeikam, fiel mein Blick auf zwei Erwachsene, einen Mann und eine Frau, die einander fest umschlungen hielten. Ihre Lippen berührten sich immer wieder in innigen Küssen, die für mich wie eine Ewigkeit andauerten. Da erkannte ich Franz; die Frau war mir unbekannt. Ich glaubte es kaum: Wollte ich diesen Mann heiraten, diesen Mann? Wie eiskaltes Wasser stürzte diese Erkenntnis auf mein Haupt und der dicke und schwere Vorhang, der meine Augen so lange Zeit verdeckt hatte, fiel plötzlich von mir ab. Ich sprach niemanden an. Ich verschob den Besuch bei der Freundin und kehrte nach Hause zurück. Ich schloss mich wieder in mein Zimmer ein und fühlte mich wie befreit, befreit von einem Ziel, befreit vom Widerstand gegen die Eltern, befreit von der eigenen Naivität. Ich fing an, erwachsen zu werden. Und die Eltern dankten Gott für das Wunder, das vom Himmel zu ihnen heruntergefallen war.

***

Bei diesem Rückblick spürt Emilie heute noch eine gewisse Empörung. Ihre dunklen Augen blitzen vor Wut wie Feuer. Sie fühlt sich dennoch erleichtert. Vieles hatte sie daraus gelernt! Vor allem aber war sie froh, dass ihr Leben danach einen anderen Verlauf genommen hatte.

# Teil 3

## Leidenschaft

In den Sonnenstrahlen bist Du gewachsen,
über Frühlinge, Sommer, Herbste
und Winter gewandert,
im Mondflüstern zu Ruhe gekommen.

Gedanken von damals, Erinnerungen von heute,
über Hoffnung, Zweifel und unvergleichlichen Mut.
Die grenzenlose Freiheit, Deine Stimme,
eine Quelle der Kraft - bis heute noch. (3)

## Maestra Penescu und Picki

Es war in einem Sommer der sechziger Jahre. Meine Mutter Clarissa kehrte zu Fuß von ihrer Arbeit im Ministerium nachhause zurück. Sie arbeitete dort als Angestellte. Draußen war es noch hell und warm, kurz nach 16 Uhr. Der Weg von ‚Piața Amsei' zur Chaussee führte sie zunächst über ‚Calea Dorobanți', dann über die Straße Londra hinunter. Vor dem Haus mit der Nummer 14 stand am Tor Frau Dumitru, die Mutter von Măriuca, einer Schulfreundin von mir. Wir besuchten die gleiche erste Klasse. Clarissa blieb kurz stehen und die beiden Frauen unterhielten sich über ihre Kinder. Auch der Mann von Frau Dumitru hatte eine hohe Position bei der Partei. Generell wohnten in dieser Gegend nur hohe Angestellte und wichtige Parteigenossen mit ihren Familien. Es war das „Stabsviertel", wie es von den Leuten genannt wurde.

Frau Dumitru erzählte Clarissa bei dieser Gelegenheit über die Ballettschule von Frau Elena Penescu-Liciu, bei der ihre Tochter Măriuca seit einem halben Jahr angemeldet war. Als Clarissa das erfuhr, waren ihre ersten Gedanken: „Wenn Liuza auch Ballett lernen möchte, dann werden wir sie dort auch anmelden. Ich werde das heute mit Jakob besprechen und die Kleine dann fragen. Seitdem wir mit Liuza das erste Mal in der Oper waren, träumt das Kind, eine Ballerina zu werden." Eine Woche später, es war Ende August, am frühen Abend. Meine Mutter erzählte meinem Vater über ihr Treffen mit Frau Dumitru, deren Tochter Măriuca beim Ballett angemeldet war. Dabei erwähnte sie alle Einzelheiten, und noch, dass die jüngere Tochter von Marcela, ihre Arbeitskollegin aus dem Ministerium auch das Ballettstudio der Maestra Elena Penescu-Liciu besuchte.

Ich war von der Idee selbst Ballett zu tanzen begeistert. Meine Eltern kauften mir sogar das Buch „Die kleine Ballerina" über Galina Ulanova, die bekannte Primaballerina der Sowjetunion und ich war überglücklich und sehr motiviert, das Lesen in der Schule schnell zu lernen, um das Buch auch alleine lesen zu können. Was für eine Chance war das für mich! Die Liebe zu Musik und Tanz, insbesondere zum klassischen Ballett habe ich meinen Eltern, Jakob und Clarissa, zu verdanken. Schon als kleines Kind besuchte ich zusammen mit ihnen das Theater oder Oper- und Ballettvorstellungen.

Im Laufe der Jahre nahm die rumänische Oper viele Ballettvorstellungen in ihr Repertoire auf, und mein Herz erfreute sich an Schwanensee, Coppelia, Giselle, Dornröschen und vielen anderen Ballettchoreographien. Zweimal im Monat reservierte mein Vater am Wochenende Karten für uns. In den meisten Fällen hatten wir gute Sitzplätze; wir saßen in der dritten oder vierten Reihe. Es waren „Protokollplätze", die mein Vater aufgrund seines Dienstausweises kaufen konnte. Die Preise für Theater und Opernvorstellungen waren damals in Rumänien nicht hoch, so dass der Besuch solcher Vorstellungen auch Personen mit geringem Einkommen möglich war. Meine Familie gehörte zur Mittelschicht. Samstags oder sonntags, wenn der Vater uns mit Karten überraschte, begannen zuhause die Vorbereitungen für das Ausgehen schon zwei Stunden vor dem Beginn der Vorstellung.

Meine Eltern legten sehr viel Wert auf angemessene Kleidung. Sie kleideten sich sehr elegant. Jakob trug meistens einen dunklen Anzug aus englischer Wolle, dazu ein weißes Hemd und eine Seidenkrawatte. Clarissa wählte als Farbe für die Abendgarderobe vorwiegend Schwarz oder Dunkelblau. Sie trug ein knielanges, schlicht geschnittenes Kleid aus edlem Material, je nach Saison Samt oder Seide, eine dazu passende weiße Perlenkette schmückte ihren Hals. Auch ich musste zu diesen Terminen entsprechend feierlich gekleidet erscheinen. Pünktlichkeit war meinen Eltern sehr wichtig, so dass wir uns schon eine Stunde vor Vorstellungsbeginn auf den Weg machten. Wenn es die Zeit erlaubte, lud Jakob uns vorher zu Kuchen oder Eis in eine der Oper nahe gelegene Konditorei ein. Meine strahlenden Augen waren nicht zu übersehen, meinte mein Vater, wenn er sich zurückerinnerte.

Meine Eltern erkannten meine Liebe für das klassische Ballett und sie entschieden sich, mich mit siebeneinhalb Jahren in der Ballettschule von Maestra Penescu-Liciu anzumelden. Es stellte sich schnell heraus, dass ich eine gewisse Begabung für das klassische Ballett besaß. Die Maestra war mit meinen Leistungen zufrieden, weil ich nach ihren Vorgaben auch zuhause übte und das Geübte in der Ballettklasse fast fehlerfrei zeigen konnte. Der Unterricht fand dreimal in der Woche statt.

Seit der ersten Unterrichtsstunde war ich in diesem Ballettstudio sehr froh. Das Tanzen machte mich glücklich. Alle Mädchen trugen rosa Kleidchen und rosa Ballettschuhe. Mit zwölf Jahren durfte ich auch spezielle Ballettschuhe, Spitzenschuhe für das Spitzentanzen (Satin Pointe Schuhe) tragen. Die Ballettschuhe wurden für die jungen Tänzerinnen nur nach Maß angefertigt. Nach Bedarf wurde ein spezieller Schuhmacher bestellt, er hieß Oskar. Er nahm einen Abdruck der Füße und lieferte die Ballettschuhe dann innerhalb von drei bis fünf Wochen, je nach der Zahl der Aufträge. Oskar notierte sich besondere Wünsche, so dass alle am Ende zufrieden waren. Falls doch vereinzelt etwas nicht klappte, verbesserte er es geduldig.

Ich lernte fleißig, übte zuhause und trainierte mit Hingabe. Nicht alle Schüler der Maestra Penescu-Liciu waren begabt oder fleißig. Das ärgerte die Maestra. Sie suchte den direkten Kontakt zu den jeweiligen Eltern und brachte in ehrlichem Ton zum Ausdruck, was sie davon hielt. Manchen Eltern gab sie den Rat, das Kind lieber in einer anderen Tanzschule oder in einem Sportverein anzumelden. Sie sagte dann:

„Es ist für Sie und für mich verlorene Zeit. Ich möchte Ihr Geld nicht, wenn das Kind kein Interesse hat zu üben oder wenn es nicht für das Tanzen geeignet ist. Versuchen Sie es mit ihm in einer anderen Schule mit einem anderen Profil.“ So mussten viele Eltern auf ihren Traum verzichten, dass aus ihrem Kind ein Tänzer oder eine Tänzerin würde. Die Ballettklassen blieben trotz allem gut besucht.

Der Unterricht der Ballettklasse fand jeweils montags, mittwochs und freitags statt.

An einem Mittwoch besuchte uns Dan, der Bruder meiner Tanzkollegin Alina. Er kam während des Unterrichts und brachte seinen kleinen Malteserhund, Picki, mit. Artig setzte sich Dan auf die niedrige lange Bank an der Wand und hielt den kleinen Hund auf seinen Knien. Dann passierte folgendes: Als Lulu, die Klavierbegleitung, einen Dreivierteltakt, einen Walzer spielte, sprang Picki unerwartet auf, sauste mitten in den Saal und absolvierte eine Drehung. Dann stellte er sich auf die Hinterbeinchen und schaute mit seinen dunklen Kohleaugen im Saal umher. Bei jeder Wiederholung der Walzer-Sequenz wiederholte auch Picki seine Pirouette meisterhaft und stellte sich anschließend wieder hin. Es schien ihm Spaß zu machen. Die Schülerinnen waren ganz überrascht und klatschten begeistert Beifall. Frau Penescu dagegen war konsterniert und außer Fassung. Sie rief laut:

„Dan, nimm sofort deinen Picki und bringe ihn nach draußen. Komm bitte nächstes Mal alleine, wenn du uns besuchen willst!“ Ihre Stimme klang streng, und doch schwang etwas von Amüsement darin. Alle lachten jedoch laut und ausgelassen. Die Maestra sagte aber mit lauter Stimme in französischer Sprache:

„Mesdemoiselles! Contenance, allez, allez: Plié, Ronds de Jambe, Battu, Frappé.“ Gleich kehrte wieder Ordnung in dem Ballettsaal ein. Lulu spielte weiter und die Schülerinnen führten die vorgegebenen Schritte mit Perfektion aus! Sie gaben sich Mühe, aus Solidarität mit Dan besser als an anderen Tagen zu sein. Alina erzählte später:

„Jedes Mal, wenn ich zuhause die Ballettschritte zur Walzermusik übe, kommen auch Picki und Dan und die beiden üben die im Saal gezeigten Positionen!“ Und Picki erhielt anschließend einen besonderen Applaus, wie auch von den Schülerinnen im Saal. Dan, der Fünfjährige, konnte nicht verstehen, was der Maestra dabei nicht gefallen hatte, beide gaben sich doch beim Training zuhause so viel Mühe. Jedes Mal, wenn ich mich daran erinnerte lachte ich erneut.

Maestra Penescu-Liciu tanzte früher als Primaballerina bei der Oper. Auch ihre Nichte wurde eine bekannte Ballerina. Ihre Schülerinnen und Schüler waren stolz auf ihr Training. Der Unterricht basierte auf der russischen Ballettschule, die sie in ihrer Jugend genossen hatte. Die vorgetanzten Schritte und die Choreographien wurden in französischer Sprache benannt. Mit einem langen Stock gab die Maestra das Tempo vor oder berührte leicht die nicht ausgestreckten Füße - etwas, das sie nicht tolerierte. Es herrschte der Anspruch auf Perfektion. Lulu begleitete sie auf dem Klavier mit einem facettenreichen musikalischen Repertoire von Walzer bis Mazurka, von Strauß und Tschaikowski bis Chopin und Strawinsky. Es war wie in einem Traum, es war mein Traum, mein gelebter Traum, mein geliebter Traum.

## Ein Traum

Der Ballett-Unterricht machte mir im achten Jahr noch mehr Freude. Ich war jetzt schon fünfzehn Jahre alt und immer noch Schülerin im Ballettstudio der Maestra Elena Penescu-Liciu. Seit drei Jahren durften wir auch Spitzentanz üben. Das war eine echte Herausforderung. Es war nicht nur wichtig, auf den Spitzenschuhen das Gleichgewicht zu halten. Besonders ging es darum, sich harmonisch, graziös und fehlerfrei im Gleichklang mit der Musik zu bewegen. Alles musste perfekt koordiniert werden: Die Bewegung der Arme, die Kopfhaltung, die Neigung des Körpers, die Schnelligkeit der Füße beim Frappé oder die Langsamkeit der Beinbewegung beim Développé - also bei der Entfaltung eines Beines aus der geschlossenen Position über die angegebene Zwischenposition bis zur geforderten Höhenstreckung. Wir Schülerinnen waren sehr aufmerksam und versuchten, alle Teile der Choreographie ganz präzise wiederzugeben; dass es nicht einfach war, konnte man leicht erraten und es bedurfte neben Hingabe und Fleiß auch einer großen Portion Talents.

Eines Tages besuchte uns im Ballettstudio ein Tänzer des berühmten Bolschoi-Balletts. Es war Sergei Ullianov, ein guter Bekannter der Maestra aus der Zeit ihrer Ausbildung in Moskau. Das Wiedersehen mit Elena erstrahlte in unübersehbarer Freude. Sergei sah umwerfend aus, ein Gesicht wie aus einem Märchen mit Prinzen und Prinzessinnen. Weiß wie Porzellan war sein Teint; er hatte dunkle, leuchtende Augen und aschblonde Haare, die vorne leicht über die Augen fielen. Seine athletische Figur, die schmale Taille, die langen gut geformten Muskeln der Beine und der Arme und sein knackiger Po ergänzten den ersten Eindruck. Keiner konnte sagen, wie alt Sergei eigentlich war, da seine Ausstrahlung und seine leichten Bewegungen keine Zuordnung zu irgendeinem Alter erlaubten. Er war alterslos. Nachdem er einige Worte mit der Maestra ausgetauscht hatte, drehte er sich zur Klasse um und sprach zu den Schülerinnen - in korrektem Rumänisch und mit einer warmen Stimme, die an den Klang eines Kristallglases erinnerte:

„Meine lieben kleinen und großen Tänzerinnen der Ballettschule, ich bin hier, weil ich einige von euch für ein Vortanzen im Kinder- und Jugendballett des Bolschois auswählen möchte. Ich werde euch dafür eine kurze Choreographie zeigen, die ich euch bitte, nach Möglichkeit korrekt wiederzugeben. Ich zeige es euch nur einmal, zusammen mit der von mir mitgebrachten Musik. Dann will ich sehen, was jeder von euch wiedergeben kann, auf seine eigene Art und Weise. Trotzdem erwarte ich, dass der Faden der Schritte, also die gesamte Choreographie und die Harmonie bei euch wiederzufinden sind. Also viel Glück. Musik!“

Sergei wählte eine Sequenz aus „Alice im Wunderland“ und tanzte sie vor. Die Mädchen waren begeistert, einige zitterten, wie ich, vor Aufregung. Dann durfte jede von uns die kleine Choreographie alleine tanzen. Maestra Elena rief:

„Mädchen, keine Angst, Courage, ihr seid alle gut!“

Sergei notierte sich bei jeder etwas in einem Heft. Am Ende der Vorführung beriet sich Sergei mit der Maestra. Anschließend sagte er ruhig, aber bestimmend:

„Ihr seid alle sehr gut gewesen und ich bin sehr stolz auf euch. Trotzdem kann ich nur vier von zwanzig auswählen, da für unser Projekt im Bolschoi noch weitere acht junge Tänzerinnen aus Prag und Dresden teilnehmen sollen. Hier sind die Namen der Tänzerinnen: Alina, Christina, Emilie und Marie. Ihr seid heute für dieses Ballettprojekt ausgewählt worden. Wenn ihr damit einverstanden seid, werde ich die Zustimmung eurer Eltern einholen und dann alles für die Fahrt organisieren. Das Training beginnt in der zweiten Woche der Sommerferien und dauert vier Wochen. Das Bolschoi übernimmt alle Kosten. Am Ende des Trainings, wenn die Tanzleistung perfekt ist, wird die neue junge Ballettcompagnie, zu der ihr dann auch gehört, auf der Bolschoi-Bühne vor einem großen Publikum unser gemeinsames Tanzprojekt vorstellen und „Alice im Wunderland“ tanzen.“ Ich war wie benebelt vor Freude. Mein Körper vibrierte. „Ich, Emilie, wurde ausgewählt, ich bin in der Tat eine der vier Auserwählten für das Bolschoi-Jugendtanzprojekt. Ich kann es nicht glauben, und trotzdem es ist wahr! Ich darf mittrainieren und bei der Aufführung mittanzen. Davon werde ich mein ganzes Leben lang träumen. Was für ein Glück!“

## Trainingsalltag

Der Wecker klingelte laut und unbarmherzig, es war schon sechs Uhr morgens. Ich sprang aus dem Bett. Vor mir lag ein langer, intensiver Arbeitstag. Pünktlich um acht Uhr fing mein Training an. Ich zweifelte, ob ich genug ausgeruht war. Ständig fragte ich mich, ob der Schlaf ausreichend war und wie sich das auf meine Kondition auswirkte. Ich versuchte mir selbst Mut zu machen und eilte unter die Dusche. Da die Zeit häufig knapp war, musste das Duschen morgens zügiger als abends gehen. Der Duft des Kaffees und der heißen Schokolade weckte meine Sinne. Ich war meiner Mutter sehr dankbar: „Sie steht immer vor mir auf und bereitet für mich das Frühstück vor."

Ich trocknete meine nasse Haut mit einem weichen rosa Handtuch ab. Es sollte mir das Gefühl geben, ich werde umarmt und meine Haut bleibt unversehrt. Die Körpercreme duftete nach Maiglöckchen. Ich liebte diesen Duft, wie meine Mutter: Er verleiht Kraft und Energie, gibt Vertrauen, das so wichtig für den Erfolg ist. „Meine Haut, mein Körper und insbesondere meine Beine und Füße sind mir sehr wichtig. Meine Füße müssen mich bei den Sprüngen und in jedem weiteren Teil der Choreographie sicher tragen. Meine Arme sollen leicht und grazil die Bewegungen ausführen und unterstreichen." Die Worte klangen wie ein Gebet. Täglich wiederholte ich sie morgens im Bad vor dem Spiegel. Immer wieder schaute ich mir die Meisterleistung der Galina Ulanova oder der Maja Plissezkaja an, meine Vorbilder in der Choreographie des Stücks „Der sterbende Schwan". Es war mir bewusst, wie wichtig das für das Tanzen war. Ich schaute nochmals auf die Uhr und sprang schnell in meine flachen Sportschuhe, in ein weißes T-Shirt und die Jeans. Ein Croissant mit Schokolade und Kaffee schaffte ich noch. Ich erinnerte mich an die Worte der Maestra Elena Penescu-Liciu, die uns Schülerinnen immer vor Gewichtszunahme warnte. „Die Schokolade macht mich glücklich und ich nehme diese kleine Sünde in Kauf", dachte ich und lief aus dem Haus.

Im Ballettsaal ging es zunächst mit zwei Stunden klassischem Tanz los: Erwärmung an der Stange, danach Stretch-Übungen. Mit einem Stock wie dem eines Dirigenten prüfte die Maestra die Knie: „Knie ausgestreckt!" rief sie. Die Maestra war über vierzig. Am Klavier saß Lulu, sie spielte Stücke im Dreivierteltakt, immer schneller: Battu, Frappé, Battu, Plié. Auch nachts hörte ich diese Worte. Die nächsten zwei Stunden waren dem modernen Ballett gewidmet. Die Bewegungen wirkten zaghafter, weniger geschmeidig, aber dennoch sehr präzise. Die Spannung im Körper war bei allen Übungen sehr wichtig. Anschließend Lockerung der Beine und kurze Entspannung. Dieser Teil des Unterrichts wurde von einer jüngeren Tänzerin begleitet. Ihre Vorstellungen wichen ab von denen beim klassischen Tanz. Auch hier wurde Perfektion gefordert.

Nachmittags gab es noch Jazz oder Steppunterricht. Hier konnte jeder selbst entscheiden, ob er mitmachen will oder nicht. Ich absolvierte auch die Trainingsstunden am Nachmittag. Abends war ich zwar müde, aber sehr zufrieden. Meine Gedanken richteten sich nun auf die Bewertung meiner täglichen Leistung: Es war nicht schlecht. Morgen erhoffte ich noch besser zu werden. Mein Leben war das Tanzen, und das seit meinem siebten Lebensjahr. Mir war ständig bewusst, dass diese Leidenschaft mit vielen Opfern verbunden war. Dazu war ich bereit!

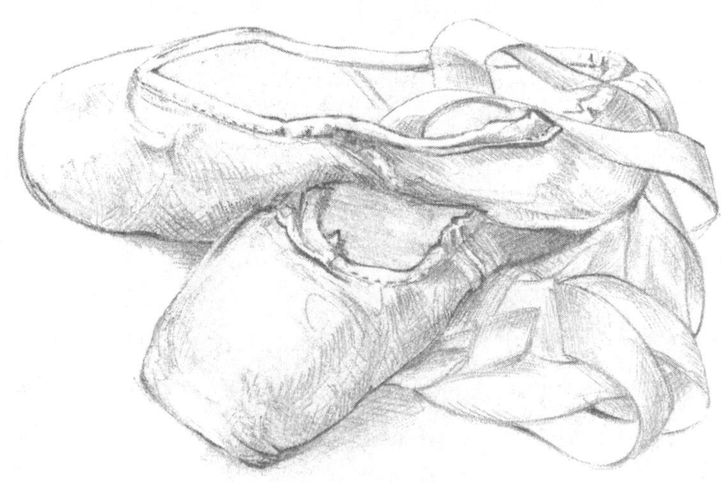

## Der Sturz

Es war Mittwochnachmittag. Nach der sechsten Unterrichtsstunde im Gymnasium musste ich mich schrecklich beeilen. Das Training fing pünktlich an und es war schon spät geworden. Ich lief wie immer die Treppen des zweistöckigen Gebäudes hinunter bis zum Hochparterre. „Jetzt sind es noch zehn Stufen bis zum Ausgang, dann bin ich draußen und laufe weiter. Ich könnte es schaffen“, überlegte ich in Eile. In dem Moment rief eine Stimme:

„Hey Emi, schon wieder im Stress? Ist Dir Dein Tanzunterricht so wichtig? Bleib doch mal stehen!“ Ich war sichtlich genervt. Mihai gab wieder mal keine Ruhe, dachte ich, und ohne es zu merken, flogen meine Füße über den Stufenbereich hinaus durch die Luft. Ich rollte wie ein Igel die Stufen hinunter. Dabei spürte ich die kalte Kante jeder einzelnen Treppenstufe am Rücken und an den Beinen und landete schließlich auf dem Weg vor dem Eingang des Gymnasiums. Das rechte Fußgelenk war abgeknickt und ich wusste nicht, ob ich auf dem Fuß auftreten konnte. Alles schmerzte, am meisten das rechte Fußgelenk. Mihai, der alles gesehen hatte, war gleich zur Stelle, um mir zu helfen.

„Mensch, das wollte ich nicht", stotterte Mihai. Er legte mir den Arm auf den Rücken, zog mich hoch und sagte laut:

„Du musst unbedingt zum Schularzt. Er ist noch da! Mein Gott, tut mir wirklich leid. Hast du Schmerzen?“ Ich nickte. Meine Augen füllten sich mit Tränen. Wir schlichen zum Schularzt. Er untersuchte mich, nachdem er sich ganz genau über alles informiert hatte.

„Emilie, du darfst den Fuß jetzt nicht belasten. Ich empfehle dir, umgehend einen Orthopäden aufzusuchen. Der Fuß muss vermutlich einen festen Verband bekommen. Gegen die Schmerzen gebe ich dir ein Analgetikum mit. Gegen die blauen Flecken, Hämatome, kriegst du von mir diese entzündungshemmende Salbe zum Auftragen mehrmals am Tag. Und lege kalte Kompressen auf." Ich nickte nur. Mihai brachte mich nach Hause, nachdem er hoch und heilig versprochen hatte, meinen Eltern nichts über den Unfall zu erzählen. Er hielt sein Wort.

Ich versuchte zunächst ruhig zu bleiben und legte beide Füße hoch. Das war aber auch alles. Denn die Liebe zum Ballett war stärker als meine Vernunft. Es war meine Luft zum Atmen! Das Training dauerte jeweils vier Stunden, drei Mal die Woche. Mittwochs war auch Spitzentanz. Ich überlegte: „Das darf ich auf keinen Fall verpassen. In spätestens fünf Monaten muss ich unbedingt die Aufnahmeprüfung zur Ballettakademie schaffen. Nicht umsonst war ich seit dem siebten Lebensjahr dabei." Von dem Unfall und den Schmerzen durfte keiner erfahren. Nicht im Tanzstudio und nicht zuhause. Zähne zusammenbeißen war angesagt.

Doch es war die falsche Entscheidung! Der Knöchel schwoll an wie ein Gurkentiegel. Laufen konnte ich in diesem Zustand nicht mehr. Meine Mutter schimpfte, als sie alles erfuhr:

„Wie konntest du so unvernünftig sein? Was hast du

dir dabei gedacht?“

Das Fußgelenk musste für etwa vier Wochen in Gips stillgelegt werden. Der anschließende Besuch beim Orthopäden war ernüchternd.

„Sie müssen Ihren Traum vom Tanzen vergessen. Der Beruf einer professionellen Tänzerin verlangt extrem viele Leistungen und Opfer. Wegen einer ständigen Disposition zum Bänderriss als Folge Ihres Unfalls kann ich Ihnen nur davon abraten.“ Schonungslos führte der Arzt seine Gedanken weiter:

„Mit einer unmittelbaren Behandlung nach dem Sturz und ohne die zusätzliche Belastung durch den Spitzentanz würde ich Ihnen heute andere Chancen geben. Kopf hoch. Es hätte noch weit schlimmer kommen können, nach all dem, was ich im Bericht gelesen habe.“ Jetzt verstand ich den Ernst der Lage.

Zuhause versuchte insbesondere mein Vater, mich von den Nachteilen des Tänzerberufs zu überzeugen. Er verwendete dann meistens meinen Kosenamen:

„Liuza, sieh in allem auch etwas Positives. Du hast auch Talent für Chemie. Wenn du fleißig bist, könntest du es in einem Jahr schaffen und ein Studium an der Universität beginnen. Ich sehe in dir eine gute Chemieingenieurin. Bedenke, Ingenieurwesen ist eine solide Lebensbasis in unserer Gesellschaft.“ Ich entschied mich, dem Wunsch meines Vaters nachzukommen. Das erfüllte ihn mit Stolz.

Und mir blieb die Liebe zum Ballett. Ich wusste, ich würde sie in mir bis ans Ende meines Lebens tragen!

Somit war auch die Zeit der lila Strumpfhosen vorbei, auch die der schmalen langen grauen und schwarzen Röcke, die ich so gerne trug, als ich mit einer leichten Hüftbewegung versuchte, den Gang von Bette Davis nachzuahmen. Einige Monate später, rief eine laute Stimme hinter mir her:

„Emi, Emi, hey Emi!“ Ich spürte, wie mir ein kalter Schauer über den Rücken lief. Ich erkannte die Stimme wieder, die vor drei Jahren zu meinem schlimmen Sturz geführt hatte. Auf den Tag genau erinnerte ich mich an diesen „portare miseria“ (Unglücksbringer) und dachte: „Was um Himmels Willen wird heute noch passieren?“ Ich drehte mich um und sah unten an der Treppe meinen früheren Schulkameraden Mihai stehen.

„Was machst du hier?“ fragte ich leise und erschrocken.

„Meine Cousine steht hier in der Menge und wartet auf die Ergebnisse der Prüfung; du auch?“ Ich hatte überhaupt kein Interesse, mit Mihai zu sprechen; ich hatte Angst, dass das Pech mich wieder einholen könnte, wie damals im Gymnasium. Zum Glück kamen einige Jungs auf Mihai zu, und er musste mit ihnen weitergehen. Mein einziges Pech war dann ein heftiger Regen, der mich bis auf die Knochen durchnässte. „Das macht nichts“, überlegte ich, „das Leben geht weiter mit neuen Überraschungen. Ich bin darauf sehr gespannt!“

# Epilog

## - Die Neuigkeit -

Das Telefon klingelt schrill und reißt Emilie aus ihrem Traum heraus. Zögernd greift sie nach dem Hörer und sagt leise fragend: „Hallo ...?“ Am anderen Ende hört sie Vallis junge Stimme. Über zehn Jahre hatte sie nichts von ihm gehört. Seit er sie zu seiner Hochzeit mit Cătălina eingeladen hatte, sie aber leider absagen musste. Es freute sie damals, dass er diese Chance ergriffen hatte und die Liebe wieder in sein Herz eingezogen war. Sie wollte an dieser Hochzeit wirklich teilnehmen, aber wie es so oft im Leben der Fall ist, standen viele Hindernisse im Weg, und sie blieb zuhause. Wiederholt dachte sie an Valli und vermutete, dass er seiner Cousine die Abwesenheit von seiner Hochzeitsfeier nicht verzeihen konnte. Umso mehr freut sie sich jetzt, endlich seine Stimme wieder zu hören. Sie klingt fast wie früher, wie beim letzten Mal, damals in Suczawa. Valli spricht schnell und aufgeregt und schlägt vor, sich nächste Woche in Wien, im Café Kranz, zu treffen. Er käme mit Cătălina; sie hätten eine Überraschung, sagt Valli und beendet das Gespräch sofort, nachdem Emilie zugesagt hat. „Was für eine?“ will Emilie noch wissen, aber sie erhält keine Antwort mehr.

Die Woche vergeht wie im Flug mit Vorbereitungen. Während der Zugreise ist Emilie ständig in Aufregung. Sie ahnt nicht, was sie erwartet. Nachdem sie ihr Gepäck ins Hotelzimmer gebracht hat, macht sie sich auf den Weg zum vereinbarten Lokal. Sie trifft zu früh ein, so groß ist ihre Neugier. Eine Bedienung begleitet sie zu dem von Valli reservierten Tisch auf die Terrasse; er ist für sechs Personen eingedeckt.

Auf dem See gegenüber glitzern die Wassertropfen im Sonnenlicht, wie tausende Perlen, die auf der Wasseroberfläche einen strahlenden Teppich bilden. Ein leichter Frühlingswind bewegt diesen Teppich wie in einem Walzertanz. Zwei Schwäne wärmen sich in der Sonne, sie haben einen lauschigen Platz für sich gefunden. Einer gleitet majestätisch mit gestrecktem Hals über das Wasser dahin, der andere findet es gemütlich, einfach nur auf dem Wasser zu liegen, sein Hals umringt seinen Körper und seine Federn. Er scheint zu schlafen, in Harmonie mit den Weidenästen am Rand des Ufers. Von Zeit zu Zeit unterbrechen laute Stimmen die Stille. Es sind Passanten, die um den See flanieren. Ein Schimmer von Hoffnung und Zuversicht zieht in Emilies Herz ein.

Plötzlich bemerkt sie einen Mann, der ihr gegenüber ein Stück weit entfernt an einem anderen Tisch sitzt. Ihr Herz klopft, als wolle es ausbrechen. Im ganzen Körper spürt sie eine Wärme, die sie an frühere Zeiten erinnert. Der Mann, ein gutaussehender Mittfünfziger, erinnert sie an Philip, ihren früheren Ballett-Maestro. Der Mann steht auf und nähert sich ihr mit sicheren Schritten. „Philip“, hört sie sich selbst laut sagen. Der Mann, der jetzt direkt vor ihr steht, lächelt und fragt:

„Kennen wir uns von früher?“ Emilie bemerkt, dass die Ähnlichkeit mit Philip sehr groß ist, und gerät in Verlegenheit. Sie war vor Jahren in Philip verliebt gewesen, eine mädchenhafte Schwärmerei.

„Nein, entschuldigen Sie, ich habe Sie verwechselt. Ich

bin hier mit Freunden verabredet und dachte..." Sie blickt den Unbekannten mit leuchtenden Augen an. Er erwidert ihren erfreuten Blick, gleichzeitig überfliegt ein Hauch von Enttäuschung sein Gesicht. Er entfernt sich leise.

Valli kommt herein. Ihm folgen Cătălina und die Töchter. Emilie geht einige Schritte auf sie zu. Sie ist froh, Valli wiederzusehen. Er sieht reifer aus, und es scheint als ob er an Gewicht zugelegt hätte. Cătălina hätte Emilie gar nicht erkannt, wenn sie alleine gekommen wäre. Sie begrüßen einander alle ganz herzlich und setzen sich gemeinsam an den reservierten Tisch. Es gibt sehr viel zu erzählen! Endlich verkündet Valli seine Überraschung; er richtet sich direkt an Emilie:

„Ich habe mich anders entschieden, ich verkaufe das Haus der Großmutter nicht! Es bleibt für uns. Du kannst dich endlich freuen! Verstehst du? Für uns! Immer wenn du willst, kannst du auf der Veranda in Suczawa sitzen. Und ich kann das auch, wenn ich wieder nach Suczawa komme. Wir alle!"
Valli schaut stolz seine Familie an. Alle nicken zufrieden.
„Nichts ist selbstverständlich, auch nicht Vallis Überraschung", denkt Emilie und umarmt ihren Cousin mit Freude und Dankbarkeit. Sie hätte ihm diese Überraschung am wenigsten zugetraut. Und trotzdem spürt sie jetzt Vallis unerwartete Großzügigkeit, eine Wohltat für Emilies Seele, eine zärtliche Geste, ein Beweis für all die gemeinsamen Erinnerungen und Erlebnisse. Ab jetzt kann Emilie jederzeit dorthin zurückkehren, wo alles für sie angefangen hatte, ins Haus der Omika, ihrer Großmutter.

Das kleine Mädchen mit den kastanienbraunen Zöpfchen, die mit weißdurchsichtigen Schleifen gebunden waren, das in Großmutters Garten auf der dunklen vermoosten und spröden Bank unter dem Birnbaum saß, damals als Emilie nach so vielen Jahren wieder zu Besuch kam, ist wieder da. Sie nimmt Emilie an der Hand, begleitet sie zum Hotel und am kommenden Tag zum Zug und sagt ihr: „Besuch mich wieder in Suczawa, ich warte auf Dich". Emilie nickt glücklich und denkt: „Suczawa, Wiege meiner Kindheit, ich trage dich immer bei mir. Träume entspringen dem Fluss des Lebens. Sie verwandeln sich und bekommen Flügel, fliegen weit über den Zenit hinaus ins Unendliche."

# Inhalt

Einleitende Gedanken 01

**Prolog - Die Reise** 05

**Teil 1 - Krokusse und Hyazinthen** 15
Bei Omika 17
Moş Gheorghe 23
Die Kater und die Katze 29
Nunuca 33
Rote und blaue Mützen 38
Tollwut 42
Alte Kleider 48
Das Eichhörnchen 52
Wir bekommen Gäste 56
Pioniere 61
Die Zugreise 69
Ausflug auf die Tâmpa 76
Murli, mein fremder Bruder 83

**Teil 2 - Leicht bewölkt** 99
Unsere Nachbarn 101
Dunkle Tage 109
Zur alten Burg 112
Das Konzert 117
Enttäuschung 121

Baudelaire 134
Die Impressionisten 138
Schwarze Augen 142
Falscher Weg 146

**Teil 3 - Leidenschaft** 155
Maestra Penescu und Picki 163
Ein Traum 194
Trainingsalltag 166
Der Sturz 169

**Epilog - Die Neuigkeit** 175

**Inhaltsverzeichnis** 183
**Danksagung** 186
**Autorinangaben** 189

***Literaturquellen:***

*„Nussblätter - Lyrische Gedanken“: (1), (2), (3)*

*„Träume entspringen dem Fluss - Emilies Geschichten“: Auszüge*

# Danksagung

Mein Dank richtet sich an Dr. Sabine Göttel für die wertvollen Anregungen, Erläuterungen und für die Impulse zur Veröffentlichung dieses Buches.

Ein ganz besonderer Dank geht auch an meinen Freund Dirg, der sich auch diesmal viel Zeit genommen hat, um Korrektur zu lesen und mich weiter für die Publikation dieser Erzählungen ermutigt hat.

Für die Zeit beim Korrekturlesen danke ich auch diesmal Heidemarie, die das Manuskript weiter verfeinert hat. Heidemarie verdanke ich auch diesmal das wunderschöne Design und die Grafik des Buchumschlages, die Illustrationen, sowie die Gestaltung des Buchsatzes, herzlichen Dank dafür!

## *Liane Wagner*

*Die Autorin Liane Wagner wurde in Rumänien in einer deutsch-österreichischen Familie geboren und lebt nun in Deutschland. In der damaligen sozialistischen Heimat absolvierte sie ein Hochschulstudium. 2005 erfolgte die Promotion. Die Liebe zum Schreiben und zur Literatur begleitet die Autorin seit ihrer Kindheit. Weiterbildungskurse in Literaturwissenschaft und im Kreativen Schreiben folgten einige Jahre später. Nach ihrem Debütroman „Lebenskarussell“, erschienen in 2020 (neue Auflage Ende 2022), folgte ihr zweiter Roman „Träume entspringen dem Fluss – Emilies Geschichten“, erschienen Mitte 2021. Ende 2021 wurde ein weiterer Roman „Mohnblume – Tief in deinem Herzen“ publiziert. Im Juni 2022 folgte der Gedichtband „Nussblätter – Lyrische Gedanken“, eine Sammlung lyrischer Texte. Der Roman „Grand Allegro – Tanz der Gefühle“ erschien im September 2023.*
*Nun folgt der Roman „Bei Omika - Ein Kokon aus hellen Tagen“, den die Autorin ihren Leserinnen und Lesern hier vorstellt.*

***

## Liane Wagner

**Shaker Media**
ISBN 978-3-95631-986-0
268 Seiten
Deutsch
Paperback
21 x 14,8 cm
19,90 €

## Grand Allegro - Tanz der Gefühle

Das Buch „Grand Allegro - Tanz der Gefühle“ setzt die Geschichte aus dem ersten Roman der Autorin „Lebenskarussell - In der Fremde“ fort. Die Hauptfigur Céline Klaas, eine erfolgreiche französische Autorin, nimmt die Einladung des Künstlers Radu Dragoş an und fährt zu seiner Vernissage nach Rom. Die Reise nach Rom, danach nach Padua, die Spurensuche in Jassy oder die Hochzeit in Kopenhagen, sind mit erstaunlichen Situationen, Begegnungen und Erlebnissen verbunden. Die Hauptfigur Céline, aber auch Radu und Marcia, sie alle erleben immer wieder diese extremen Schwankungen der Gefühle, sie sind in ihrem Inneren wiederholt in Ambivalenz und versuchen, diesem Dilemma zu entfliehen.
Im Vordergrund des Geschehens stehen die Freundschaft und auch die Liebe. Das Interesse für fremde Kulturen, für Kunst und Literatur, die Empathie für die Mitmenschen sind weitere Themen, die dieser Roman anspricht.

## Liane Wagner

**Shaker Media**

ISBN 978-3-95631-917-4

122 Seiten

Deutsch

Paperback

21 x 14,8 cm

11,90 €

## Nussblätter - Lyrische Gedanken -

Mit „Nussblätter - Lyrische Gedanken" wird hier eine Vielfalt von Gedanken vermittelt, die Sehnsüchte, Träume, Hoffnungen und Überzeugungen, aber auch Beobachtungen aus dem Leben in sich tragen. Licht und Schatten, Freude und Kummer, Hoffnung und Resignation sind in Betrachtungen, Gedichten, Aphorismen eng beieinander gestellt. Es ist eine ständige Suche nach einer besseren Gegenwart und Zukunft, verknüpft mit der Gewissheit, dass alles im Leben nur eine Summe vieler Momentaufnahmen ist, die im Laufe der Zeit entstehen, sich wieder verflüchtigen und durch andere neue ersetzt werden.

## Liane Wagner

**Shaker Media**

ISBN 978-3-95631-888-7

176 Seiten

Deutsch

Paperback

21 x 14,8 cm

14,90 €

## Mohnblume - Tief in deinem Herzen -

Das Buch erzählt über das Schicksal einer jungen Französin, die neugierig auf das Leben und offen für die Kulturen dieser Welt war, ohne Vorurteile und mit Empathie den Menschen begegnete, die nach dem Glück suchten, es fanden und wieder verloren, wie sie es selbst auch erlebte. Es erzählt über die Liebe zwischen Eltern und ihren Kindern, über die Liebe zur Natur, über Vertrauen und Freundschaft, über Enttäuschungen und Zweifel bis zur Hoffnungslosigkeit. Das Buch versteht sich auch als Hoffnungsträger zwischen den Menschen unterschiedlicher Religionen, und es zeigt, dass Freundschaft und Liebe ohne Vorurteile und auf Augenhöhe im Vordergrund stehen können.

# Liane Wagner

**Shaker Media**
ISBN 978-3-95631-838-2
474 Seiten
Deutsch
Paperback
21 x 14,8 cm
16,90 €

## Träume entspringen dem Fluss

### - Emilies Geschichten -

Emilie, eine junge Ingenieurin Mitte Vierzig kehrt nach vielen Jahren ins Haus ihrer Großmutter Tina zurück. Hier wird sie mit vielen Erinnerungen konfrontiert und lüftet dabei viele familiäre Geheimnisse. Bei der Suche nach ihrer Identität erkennt sie die wahre Freundschaft, die Liebe, die versäumten Gelegenheiten und das schicksalhafte Leben, dessen Wege nicht ohne weiteres zu ändern sind. Es sind die Lebensgeschichten einer mutigen Frau und ihrer Familie, die auf einer langen Reise ins Unbekannte mit vielen Höhen und Tiefen gehen musste. Dennoch lernt sie die Leichtigkeit des Daseins zu schätzen und die Hoffnung nie aufzugeben. Das Buch spricht über die Liebe zum klassischen Ballett, zur Literatur und das Schreiben und lässt viele Träume entspringen.

## Liane Wagner

**Shaker Media**

ISBN 978-3-95631-812-2

308 Seiten

Deutsch

Paperback

21 x 14,8 cm

14,90 €

## Lebenskarussell - In der Fremde -

Die Schriftstellerin Céline Klaas kehrt von einer Lesereise zurück. Unterwegs wird sie von Erinnerungen aufgesucht, die zum Teil Träume aus ihrer Kindheit in ihr erwecken. Die kurze Begegnung mit dem Künszler Radu Dragoş scheint ihr bisheriges Leben aus der Bahn zu werfen. Es sind die Geschichten zweier Emigranten mit ihren Familien, die sich in der Fremde begegnen. Obwohl sie sich kaum kennen, vertrauen sie einander. Sowohl die Hauptfiguren, als auch die Nebenfiguren, die Familienangehörigen, sie alle sind Teile eines Lebenskarussells, das sich immer weiter bewegt.